浙江省社科规划课题成果（科普读物）
课题编号：24KPDW04YB

品宋

千年丹青造极时

杜恩龙 著

浙江摄影出版社
全国百佳图书出版单位

责任编辑：刘　波　鲁嘉颖
装帧设计：李腾月
责任校对：王君美
责任印制：汪立峰

图书在版编目（CIP）数据

千年丹青造极时 / 杜恩龙著 . -- 杭州 : 浙江摄影出版社 , 2024.12
（品宋）
ISBN 978-7-5514-4810-9

Ⅰ . ①千… Ⅱ . ①杜… Ⅲ . ①文化史 – 中国 – 宋代 Ⅳ . ① K244.03

中国国家版本馆 CIP 数据核字 (2024) 第 058496 号

QIANNIAN DANQING ZAO JISHI
千年丹青造极时

杜恩龙　著

总策划：浙江大春传媒有限公司
出品：杭州紫金港文化传播有限公司
统筹执行：南宋书房
全国百佳图书出版单位
浙江摄影出版社出版发行
地址：杭州市环城北路 177 号
邮编：310005
电话：0571-85151082
网址：www.photo.zjcb.com
制版：壹品设计工作室
印刷：浙江全能工艺美术印刷有限公司
开本：710mm × 1000mm　1/16
印张：16
字数：120 千字
2024 年 12 月第 1 版　　2024 年 12 月第 1 次印刷
ISBN 978-7-5514-4810-9
定价：168.00 元

序 言

我的画缘

我的老家在河北南部的一个农村，隋炀帝开凿的大运河北段永济渠就从村子西头经过。我小时候很喜欢画画，但是不如邻居家小伙伴画得好。20 世纪 70 年代连环画盛行，看到小伙伴照着《岳飞传》连环画画戴着头盔的岳飞，几笔画就，我有些羡慕，但嘴里不说，背地里自己偷偷下功夫。究竟有多少长进就不记得了，只记得曾经在家里的隔扇上画过一个小人，还得到了父亲的赞许。

初中毕业我没有考上高中，到镇子里的一所中学插班复读。我的同桌学习很一般，但是，他在自己的每个笔记本封面都画上了同样的一只小鸟，也是几笔画成。他下笔很果断，一副胸有成竹的样子，有几分的得意。当时我心里暗暗佩服。后来，就再也没有听说过这个同学的情况，也不知道他还坚持画画吗？

上大学期间，偶然发现学校有美术课外班，于是就想办法加入。到了美术班，由于一点绘画基础都没有，素描、色彩总是画不好。但胜在认真，为学画我买了不少的画具和书，也因此得到李跃华老师的表扬，他还专门给我示范。在教国画的孔老师的课上倒是能有些进步，感到小有成就，寒假回家后还画了一些水墨画。在我父亲看来，这些黑乎乎的东西不知道有啥意思，但是他对我还是一味地鼓励。记得我曾用水粉画过一只撑着伞的唐老鸭，画好后挂在家里的墙上，被远房的一位大伯要去给孩子们看；还照着一只死鸟画过一张白描，邻家伙伴说它“无神”，让我有点小小的失望。

我在大学就读于政教系，说不上喜欢。有一次到劳改所帮教，看到劳改所入门处一面影壁上画的是雪中红梅，觉得很好，反复观看，回校后就凭记忆临了一张。一位女同学认为很好，便要了去。为了学画，我还买过不少旧的挂历，上面主要印的是一些国画名家比如齐白石、李苦禅等人的画。挂历拿到手后，我还把有些画芯裁下来，裱在墙上，反复琢磨其画法。

大学毕业后到一处职业中学教书，学校开了一个幼师班，缺美术老师，主管教学的主任听说我能画几笔，就让我去上课。我也是胆大，现在实在想不起来当时究竟是怎么样上完一学期课的。学校还有一个附属聋哑学校，缺少教具，就让我画了一批看图识物的教具画。

这些与绘画的缘分总让我感到我在绘画的门外徘徊，但始终未入其门径，又不得不为前途奔波，终将画事搁置。

后来听说大学的一位同学考上了研究生，就去取经，这位同学说考研并不难。经过努力，我考取了东北师范大学的硕士研究生。研究生毕业后被分配到一所大学教书，工作无趣无味。后来看到河北省出版局的招聘消息就去应聘，经过重重选拔，被出版局录用，安排到河北美术出版社工作。河北美术出版社当时也是全国美术类知名出版社，我从此因缘际会进入了美术圈，经常见到全国各路画家在出版社进进出出。有时候与他们聊聊天，还知道了不少绘画背后的故事；同事间也经常聊一些美术类的话题。在出版社工作了 13 年，前前后后策划编辑了 80 余种美术图书，有时候还写一点艺术感悟，这些经历也给以后的研究埋下伏笔。

我在出版社主要负责审校工作，经常见到书稿中对某人绘画的评价中出现“直追宋元”的字样，心想为什么非要用几百年前的画作标准呢？于是常常怀疑这些评论是崇古主义，一味以古为美，崇古泥古，食古不化。

工作之余，我发现中小学美术教材中很少提及画作背后的故事，有感于此，我想为教材中收录的画作编一本相关的书。以此为契机，我注意到了《清明上河图》，并开始收集相关资料，在研究中发现《清明上河图》真是奥妙无穷，百看不厌，常看常新。由这张图又延伸到对宋画的研究，逐渐发现宋画的独到之美。宋画正像宋词一样光耀千古，魅力无穷。宋代艺术大放异彩，尤其是绘画在很多方面趋于完备：山水画的雄浑伟岸、文人画的隐逸情怀、花鸟画的微观视角、人物画的精彩传神……都让我深深折服。我这才真正感到那些“直追宋元”评论之不虚，也感到当年自己认识的肤浅。

宋画让我印象最深刻的是那种弥漫在画中的慢节奏。也许是被互联网的快节奏折磨得有些疲惫，我心中总是向往古人的从容与淡定。同时，我也深深佩服宋代画家的微观视角，他们竟然将田野中那些名不见经传的小虫子刻画得惟妙惟肖，没有从容与淡定，哪来的这种显微镜式的视角？宋人将这些微观的美加以放大，呈现给我们，这是一个审美领域的发现与拓展。

其后，我在宋画中沉迷，甚至有些不知归路。后来应邀去几家省级图书馆讲《清明上河图》《韩熙载夜宴图》《洛神赋图》，效果还不错，于是愈加有信心。前不久在开封《清明上河图》研究会举办讲座，在线人数超十万，实在出乎我的意料。2021 年 7 月由上海世纪出版集团原副总裁、杭州电子科技大学融媒体与主题出版研究院韩建民院长策划的《〈清明上河图〉里的中国：杜恩龙夜品古代名画》一书，在上海教育出版社出版。

我看画经常是以画外人的视角看，注重对内容的解读，对其技法往往注意不多，但经常会有一些意外发现，欣欣然有几分得意。我在各种场合经常说人的一生要找自己，不曾想我在绘画中找到了自己。

想想这些年来与绘画的因缘还真是不少。今年春天，南宋书房主理人赵群伟先生向我约稿子时，心里还有些忐忑，不想写起来倒也顺畅。很感谢有此机会让我把这些年来的研究发现系统地整理成文，呈现给大家。

杜恩龙

2022 年 12 月

目　录

总 论

北宋、南宋加起来有 319 年的历史，是延续时间比较长的时代，两宋的文化高度发达，创造了很多文化奇迹。宋代的雕版印刷空前繁荣，图书数量激增，宋版书至今仍为图书版式美的典范。宋代为我们留下了四大文化遗产，即宋画、宋瓷、宋词和文官政治，它们都达到了前无古人、后无来者的水平。所以，著名史学大师陈寅恪先生才有“华夏民族之文化，历数千载之演进，造极于赵宋之世”的感慨，这是一种高度的概括，是一种文化俯瞰。

宋代科举制度走向完备。从宋太祖开始整个社会就形成崇尚读书的传统，宋真宗《劝学诗》所言更是成为全社会共识，这种风气的盛行对文化事业的推进有极大帮助。文化的昌盛也使得宋代诞生了一大批文化大师级人物：欧阳修、苏轼、张载、程颐、程颢、周敦颐、朱熹等，众星闪耀，共同造就了宋代文化的辉煌。宋朝是文人当政的政权，文人的审美成为社会的主流审美取向。宋朝文人的生活自由而洒脱。

宋代特殊的“文官政治”，使得文人获得了很高的社会地位，他们的文化创造性和绘画才情得以尽情施展。绘画是人类描绘社会与自然的方式之一，在客观记录的同时，也在描绘对象的选择、描绘对象各部分的主次区分等方面带有作者的主观性与个人印痕，这些主观性的表现，有的是个人特征，有些是群体性特征。中国人以独有的资质禀赋和观察角度，创造了一种全新的绘画模式与风格，并在宋代集成与创新。宋人以其特有的淡定与从容探索出了很多新的表现方法，创造出了中国画的独特景观，并造就了中国画的一个高峰。

一部分宋代文人士大夫在读书、写字之余，以不求娱人但求娱己的心态，随意涂抹，逐渐造成一种绘画风潮。正是这种不追求写实，不追求线条的工整流畅，不追求构图的严谨，而是追求心性舒畅的特点，创造了一种独特的绘画面貌，使得文人画开始成为一个独立的画种。

宋代山水画十分繁兴，山水画是文人心目中的理想世界，

南宋 佚名《牧牛图》，故宫博物院藏

是一个精神“桃花源”。宋代诞生了一大批优秀的山水画大家，如李成、范宽、马远、夏圭等。山水画虽然始于唐代，但真正走向成熟是在宋代。宋代对山水画的成熟做出了巨大的贡献，无论是构图、绘画内容，还是皴法，在宋代都已经十分完备。尤其是文人队伍的加入，使得山水画成为畅神娱情的重要载体，造就了中国画的尚意传统。宋人给山水画赋予了十分丰富的精神内涵，这是前代所没有的。

唐代的山水画主要是青绿山水，画面较满，不甚讲究留白。宋代山水画中开始出现大量的留白，对留白的使用可谓达到了极致，这是一种大胆的创造。比如南宋佚名《牧牛图》，画中只有两丛芦苇、一牛、一牧童，其余全是留白。

宋人将审美微观化，也使得花鸟画这一画种的内涵更加丰富、画法更加完备。他们从一草一虫中发现美，并且把它们表现出来，这是一种伟大的创作。从中我们看到了宋人的从容与淡定，体味到了他们的慢生活节奏。

宋代禅意画也是一种创造，禅宗是高度中国化的一个佛教流派，他们不受教条和戒律束缚，打破常规，大胆创新，追求人性的超脱练达与思想的高度自由，在对人性本质的认识上大大前进了一步。禅宗思想活泼、通脱、率意、不做作，很受文人士大夫阶层的喜爱。禅意画是对禅宗思想的一种反映，是禅宗思想艺术化的表达。法常的《六柿图》，梁楷的《泼墨仙人图》《六祖撕经图》《六祖斫竹图》等都是禅意画的经典。

无论从哪一个角度来看，宋画都是中国画的一个高峰。近代绘画大师黄宾虹先生说："唐画如曲，宋画如酒，元画如醇。元画以下，渐如酒之加水，时代愈后，加水愈多，近日之画，已有水无酒，故淡而无味。"黄先生的评论可谓至精至当。

在宋人的文艺世界里，到处都是美，这些美表现在宋画里就是无穷的意境和韵味。

我们在这里品味宋画，实际上是给审美开药方；同时，也是在寻找一条进入宋朝文化世界的路径。

一、解读宋画的逻辑密码

（一）解读理念

本书不过多地讲技法，而是注重绘画内容的分析，力争还原绘画所记录的原初生活。

在讲宋画之前，我们先来谈谈对宋代的认识。关于宋代的认识，有两个极端：一个极端是认为宋朝极其懦弱，军事一塌糊涂，其他也乏善可陈，因此是一个让人郁闷的时代；另一个极端则是过度美化宋朝，把它说成是一个理想的时代。这两种认识都有失偏颇，我们对宋代的认识要回归理性与真实，所有观点应基于史料，有一分证据说一分话，不放空言。

解读宋画也是如此，我们不美化宋画，当然更不可能贬低宋画。我们是想把绘画中的元素原原本本地还原到它的原始状态。当然，这是一种尝试，需要不断探索与研究。

图 1-01 北宋 张择端《清明上河图》（局部），“解”字铺

（二）解读宋画需要的文化背景

绘画是一种编码，任何绘画都不是客观事物的本体，而是画家用线条、色彩组成的编码，这些“编码”就是符号。画家使用的符号如果能被人理解就等于明码；如果不能让人理解，就是暗码。有些“暗码”的形成是历史的原因，比如关于张择端《清明上河图》中的大十字街口店铺的“解”，争论很多。为什么？因为时代的变迁。经过九百多年的变化，有些信息丢失了，于是“明码”就变成了“暗码”。类似的情况还有很多。

因此，画面不是看到就能懂的，而是需要文化背景的铺垫。比如，我们要想了解中国画，就必须了解中国文化。中国文化中的象征性元素，很多西方人始终都不明白，例如中国人为什么反反复复画梅兰竹菊、荷花牡丹。他们不了解中国人在这些题材上形成的集体文化共识。对待宋画也一样，要想解透宋画，我们需要深度了解宋画背后的宋代文化。

1. 一个文化的高峰

宋词和宋画是宋代文化的代表。词是中国古代最突出的文学体裁之一，宋代诞生了一大批成就突出的词人，佳作名篇层出不穷，各类风格异彩纷呈。后世之人在词的创作方面不可能超越宋代。宋画也是中国艺术的一个高峰，可以说是前无古人、后无来者。直到今天，我们在评论一些优秀画作时仍然喜欢用“直追宋元”这样的评语。所谓“直追宋元”，就是说宋元绘画成为一个高峰、一个标准，成为后世膜拜的对象。

2. 成熟的文官政治

宋朝文官政治在唐代的基础上继续发展。通过科举考试，文人成为社会发展的主导力量，整个社会的管理基本由文人来主理。这些靠科举入仕的知识分子“入则为儒臣，出则为老庄，在野者仍忧国忧民，在朝者却自命清高”[1]，这是他们共同的心理特征。范仲淹“先天下之忧而忧，后天下之乐而乐”的忧患意识成为在野者的共同心理特征。一旦入朝，他

[1] 邓晓芒，易中天：《黄与蓝的交响：中西美学比较论》，作家出版社，2019 年 1 月出版，第 234 页。

们便标榜不为俗务困扰，追求一种清高、一种超脱。他们的好尚成为社会风尚的潮流，他们的审美成为社会审美的主流。

无论是在朝在野，文人都可以通过山水画来自我消遣。山水画既能满足在朝者的清高与超脱，使其实现精神上的隐逸；同时也能排遣在野者的郁郁不得志，表现他们的超逸与洒脱，带来心理安慰。

3. 道教的盛行

宋朝真宗及徽宗时期，道教尤为兴盛。宋徽宗本人崇信道教，道士们地位很高，被称为“金门羽客”。京城的道观也很多，比如醴泉观、洞元观、瑶华宫、万寿观等。徽宗对道士的赏赐非常丰厚，还要求各级官吏礼遇道士。宣和年间全国道士人数达到了百万以上。徽宗还下令设立道学，为道教最高学府，编入正式教学体制（官学体系），学生毕业可以考入太学。开设课程学习研究《黄帝内经》《道德经》《庄子》《列子》等。徽宗还把道教经典列为科举考试内容，更甚者，徽宗授意道箓院封他为“教主道君皇帝”，即全国道教最高教主。他宠信道教神霄派的创始人林灵素，对其赏赐无数，并赐号

图 1–02 宋 佚名《宋真宗坐像》，台北故宫博物院藏

“通真达灵先生”，还为他专门建造上清宝箓宫。

关于道教经典的汇聚，在东晋时期已经开始了。唐代崇信道教，奉老子李耳为其李氏始祖，唐玄宗时期，命人编定了《开元道藏》，有 3744 卷之多。宋代宋太宗尝求得道教经典 7000 多卷，命王禹偁、徐铉等人校正，删去重复得正本 3737 卷。宋真宗时期又组织编辑《道藏》，公元 1017 年完成，收 4359 卷道经，名为《宝文统录》；后来，又经过编辑，成为 4565 卷的

图 1-03 宋 赵佶《听琴图》，故宫博物院藏

道藏《大宋天宫宝藏》。宋徽宗组织编辑的《政和万寿道藏》共收入 5387 卷道经，他还亲自给道经做注释。这套书是我国最早雕版印刷的道藏，在福州雕版，然后运到汴京印刷。

由于道教的流行，宋代文人喜欢穿道袍，这种服装比圆领衫方便、随意。服装是内心的外化，道教讲究隐逸，讲究超然物外，这符合很多文人、尤其是不愿参政者的心态。如在《听琴图》中宋徽宗穿的就是直裰道袍，头上仅仅束一髻，凝神抚琴，颇为闲逸。《清明上河图》中的十字街也绘有穿道衣的儒生，其服装斜领交裾，四周黑边，外罩茶色外袍。李公麟等人绘制的《西园雅集图》《会昌九老图》中的主要人物都穿道袍。

宋画，尤其是山水画，大多具有道教意味。道教主张尊重自然，大道至简，这些在宋代山水画中都有充分的体现。按照中央美院国画研究专家邵彦的说法，《千里江山图》应该是道观壁画的粉本（小样），道教推崇青绿山水，喜欢归隐山林，这幅画面描绘的内容与其十分吻合。

道教对宋画的影响是多元的、全方位的，在宋画中有很多体现，比如大道至简式的留白、抛弃五色的水墨画、山水画中的仙山楼阁，等等。不了解道教精神，就无法真正解透宋画。

4. 中国绘画的近代化

有些历史学家认为宋代开启了中国历史的近代化历程，比如日本著名汉学家内藤湖南主张，东汉以前是“上古”，唐代以前是“中古”，宋元明清是“近代”。他说：“唐代是中世纪的结束，而宋代则是近世的开始。”[1]日本汉学家宫崎市定也持有类似观点。美国哈佛大学教授、著名汉学家费正清认为北宋与南宋是中国历史上最辉煌的时期，宋代包括了许多近代城市文明的特征，在一定意义上可视为“近代早期”。美国孟菲斯大学教授孙隆基对宋代近代化的分析更加具体，他认为宋朝具备了西方近代化标准的一切元素。他说：“在我们探讨宋朝是否是世界‘近代化’的早春时，仍得用西方‘近代化’的标准，例如市场经济和货币经济的发达、都市化、政治的文官化、科技的新突破、思想与文化的世俗化、民族国家的形成，以及国际化，等等。这一组因素，宋代的中国似乎全部齐备，并且比西方提早 500 年。”[2]美籍华人学者黄仁宇也持有类似观点：“公元 960 年，宋代兴起，中国好像进入了现代，一种物质文化由此展开。货币之流通，较前普及。火药之发明，火焰器之使用，航海用之指南针、天文时钟、鼓风炉、

[1] 刘俊文主编、黄约瑟译：《日本学者研究中国史论著选译》第一卷，中华书局 1992 年 7 月第一版，第 10—18 页。

[2] 孙隆基：《全球视野中的中国千年》，《二十一世纪》2000 年 4 月总第 64 期，第 105 页。

水力纺织机、船只使用不漏水舱壁等，都于宋代出现。在11、12世纪内，中国大城市里的生活程度可以与世界上任何其他城市比较而无逊色。”[1] 还有人认为宋代是中国的“文艺复兴时期”，在三个世纪的时间内，艺术、文学、戏剧都得到了巨大发展，造就了一派繁荣景象。

[1] 黄仁宇:《中国大历史》，生活·读书·新知三联书店，2002年版，第128页。

从绘画角度来看，宋画的样式、风格、技法和理论都呈现出中国画近代化具备的特点。宋代创造了各种绘画典范，成为后世模板。绘画理论趋于完备，诞生了一批优秀的绘画理论著作：刘道醇的《五代名画补遗》和《宋朝名画评》，黄休复的《益州名画录》，郭熙、郭思的《林泉高致》，郭若虚的《图画见闻志》；南宋邓椿的《画继》，等等。山水画的皴法基本齐备，结构模式基本完成；花鸟画的技法、构图模式基本完成，并成为一个非常活跃的绘画品种，发展到了一个高峰；较为成熟的人物画在宋代的写实程度也进一步提高，而且和儒家形成一种文本互映关系……

宋代人物画取材范围进一步扩展，远远突破神佛仙道的范围，更加注重对现实中的人的描绘。《清明上河图》绘制了八百多个人物，都是市井人物，非常鲜活，具有浓郁的人间气

图 1-04 北宋 李公麟（传）《西岳降灵图》（局部），故宫博物院藏

息。宋代开启了水墨人物和白描人物的新领域，前者如梁楷的《泼墨仙人图》，后者如传为李公麟的《西岳降灵图》等。

宋代写实主义绘画达到了高峰，诞生了一大批写实主义画作，光耀千古。宋徽宗就特别喜欢写实性绘画。宋代山水画追求可行、可望、可游、可居也是写实主义的表现。

在这些进步之外，宋画还开创了国画的一个新的品种——大写意人物画。该画派以梁楷为代表，他创作的《李白行吟图》《泼墨仙人图》《六祖斫竹图》《六祖撕经图》都成为大写意人物画的开山经典。米芾、米友仁父子创立的“米氏云山”具备了写意山水画的部分特征。后世画家又将“大写意”扩展到花鸟画中来，于是就有了大写意花鸟画。宋画对后世的影响可见一斑。

5. 诗与画的融合

唐代王维已经开启了诗与画的融合历程，但是，唐及五代，诗与画的融合都是局部的，是少数艺术家的行为。到宋代，苏轼十分推崇王维的画，并提出了“诗中有画，画中有诗”的著名诗画观点。极具艺术品位的宋徽宗也持相同的观点，并将之付诸实践。

当时翰林图画院通过考试录取画师，宋徽宗把诗与画融在一起对考生加以考察，他出一句诗，让考生根据诗文画画。考题如“野水无人渡，孤舟尽日横”，一些画师应题画船工吹笛子，意境欠佳，徽宗表示不满。有画师只在桅杆上画了一只鸟，景象疏远，诗画契合，徽宗表示称赞。

用诗句来考画家，意义非凡。从上述考题，我们可以看出，宋徽宗确实是把诗与画融合起来的有力推动者。

这种诗与画的融合成为一种时代潮流，被当时的画家自觉或不自觉地接受着，并在作品中加以表现，逐渐形成一个完整统一的审美风尚。后世甚至把是不是具有“诗意”作为评价一幅画好坏的标准，这种标准滥觞于宋代。

6. 艺术皇帝的大力推动

在古代社会，皇帝的好尚对一个时代的审美影响巨大，俗话说：“上有好者，下必甚焉。”以五代为例，后蜀皇帝孟昶、南唐后主李煜都是喜欢艺术的皇帝，他们对当时艺术审美主流的形成起到了重要作用，也留下了帝王崇尚艺术的典型案例。

图 1-05 南唐 顾闳中《韩熙载夜宴图》(局部),故宫博物院藏

到了宋朝,帝王们对艺术的崇尚并未消失。宋太宗于雍熙元年(984)设立翰林图画院,五代时期的皇家画师被纳入画院,比如黄筌父子、高文进、周文矩、顾闳中等人,他们的加入大大充实了北宋皇家画院实力。也许你不知道,以开明著称的皇帝宋仁宗也是一位画家,擅画佛像、猿猴、马匹等。

后来的宋徽宗赵佶,更是将帝王对艺术的喜爱表现到了极致。徽宗本人是一个艺术的多面手,弹琴、赋诗、填词、绘画、书法无一不精。

同时,他对艺术人才的选拔也十分上心,建立了画院画师考试制度,并在崇宁三年(1104)成立皇家美术学院——画学,为画院培养人才。画学有明确的教学计划和课程设置,有佛道、人物、山水、花鸟、花竹、屋木六个专业方向;此外还有一些文化素质课,学习内容包括《尔雅》《说文》《方言》《释名》等。除此之外,徽宗还提升了画院画家的社会地位,允许他们穿"绯紫官服",佩戴鱼符。

纵观整个南宋,从宋高宗赵构开始,历任皇帝对绘画都很重视,采用赐金带的方式给画家以褒扬。南宋的皇帝、皇后

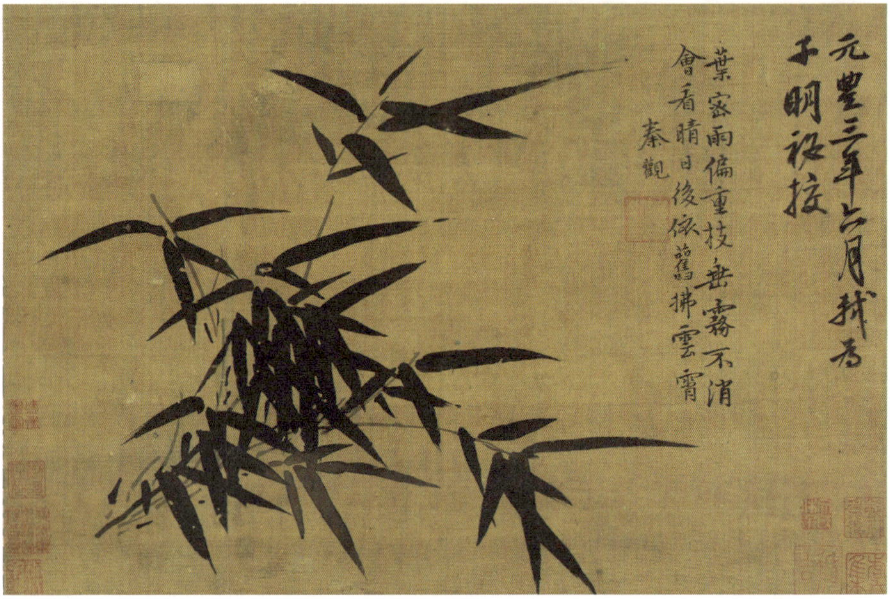

图 1–06 北宋 苏轼《雨竹图》，台北故宫博物院藏

们还喜欢在书画上题字后分赐群臣。可以说，南宋从上到下，整个社会对书画的重视程度都是空前绝后的。

7. 绢与纸

从现存宋画来看，其大多是画在绢上的，很少是画在纸上的。我国自东汉蔡伦改进造纸术开始，经过魏晋南北朝、隋唐五代的发展，至宋代，纸张生产技术已经十分完美。

那为何还要在绢帛上作画呢？

一方面是因为绢本身耐拉力强，材料珍贵；另一方面，这实际上是一种习惯性思维。宋人，尤其是达官显贵，认为纸张轻薄易碎，不如绢庄重典雅，所以多选用绢作画。《千里江山图》《清明上河图》《听琴图》《溪山行旅图》等都是画在绢上的。

绢比较软，不挺实，需要把它绷在框上才能作画，绘制完毕后把框子取下来，然后再把画装裱起来。

图 1-07 唐 李昭道（传）《明皇幸蜀图》，台北故宫博物院藏

那宋代有纸本画吗？当然有，宋代的文人画大多是画在纸上的，比如苏轼的《枯木怪石图》、米芾的《珊瑚帖》等。究其原因，大概是文人写字用纸，读书写字累了，就随手拿一张纸，挥毫作画，自我逍遥。如果要在绢上作画，就需要专门准备绢，还要把绢绷在框架上，太繁琐，也少了那份随性洒脱。

8. 临摹、复现古代名画的时代

宋代大量临摹隋唐以来的作品。据傅熹年先生考证，标明为展子虔的《游春图》实际是北宋宣和年间的临摹品。《江帆楼阁图》《明皇幸蜀图》也都是宋代临本。如果没有临本，我们可能无缘得见这些画作了。

我们看到的所谓的唐代张萱的《虢国夫人游春图》其实是宋徽宗临本。此外，《捣练图》《簪花仕女图》等等都是宋代临本。现在流传最广的辽博所藏《洛神赋图》，据考证是南宋时期的临本，也不是东晋顾恺之的原作。《韩熙载夜宴

图 1-08 北宋 赵佶《虢国夫人游春图》，辽宁省博物馆藏

图》，现在我们都认为是五代南唐顾闳中的作品，实际上，学者们通过分析画中家具和屏风上的山水画，也认为它是南宋临本。

但是，这些临摹不是死临，而是加入了宋代的一些成分，包括改变构图、颜色、背景等；有的甚至是改画，与原画有了很大的差别。宋代是一个大量复现古画的时代，这些临本毫无疑问也都是珍贵的绘画遗产。

（三）如何欣赏一幅画？

很多谈如何欣赏一幅画的文章，大都写得不透彻，但彭吉象先生的《艺术学概论》，读来会让人感觉豁然开朗。彭先生在书中提出，欣赏一件艺术品可以从三个层面来看：艺术语言、艺术形象、艺术意蕴。我们套用一下，欣赏一幅画，大概

也要从这三个层面来看：

首先，我们要看画面的绘画语言。每种艺术形式都有自己的艺术语言，诸如舞者的身姿、手势、眼神等，音乐的节奏、旋律等……对绘画来讲，点、线、构图、色彩等元素就是绘画语言。以国画为例，读懂它的“语言”，就要读懂线条、皴法、墨的浓淡干湿。国画的线条种类繁多，典型的就有“十八描”，什么铁线描、游丝描、蚂蟥描、钉头鼠尾描、柳叶描等，不同的线条代表了不一样的美感。国画的皴法也很多，诸如斧劈皴、解索皴、折带皴、大米皴、小米皴等。墨法主要是对墨的浓淡干湿的控制与把握，用以体现物质的块面、阴阳向背和质感，主要是和水法结合使用，通过控制水的多少，实现墨的干湿变化，比如焦墨、浓墨、淡墨等等。当然，墨法效果的实现和纸张也有一定的关系，同样的墨法在绢、熟宣纸、生宣纸上的效果会有很大差别。工笔画一般选择在绢和熟宣纸上绘制，写

图 1–09 南宋 马远《荻岸停舟图》，美国波士顿美术馆藏

意画一般在生宣纸上绘制。但是，宋人也摸索出了一套在绢上画大写意画的技法，比如梁楷的《秋芦飞鹜图》就是画在绢上的，墨的浓淡干湿控制得恰到好处。

其次，就是艺术形象，即造型是否准确。艺术语言、表现手法等都是用来刻画、表现艺术形象的。对于绘画来讲，无论是花鸟、山水还是人物都要使用点、线、色彩来表现，不然就成为无源之水、无本之木。绘画语言、表现手法使用得当，会使绘制对象活灵活现。

最后，也就是艺术意蕴，是指画面的意味和内涵等，对于绘画来讲可以说就是意境，是画面以外的东西。我们经常谈的“画外有画”，就是从意境来说的。中国的山水画尤其讲究意境，好的山水画能让人产生归隐山林的想法。南宋马远的《荻岸停舟图》就是这样一幅画，简洁、大气，韵味无穷。画面大片留白，着墨很少，远处是淡淡的山影，若隐若现；近处是几枝芦苇，一条小船静静地停在岸边，一位高士俯卧在小船上，抬头远望……整个画面是寂静的，甚至整个世界都是寂静无声的，你能听到的也许只有舟上人的呼吸声。驻足凝望，会让人思考人生与自然和社会的关系，这就是所谓的“哲思”吧。

“中国古典诗文追求言外之意，中国古典音乐追求弦外之音，中国古典绘画追求画外之情，都是要通过有限的艺术形象达到无限的艺术意境。”[1]一幅画，对不同的人来讲，其艺术意蕴是不一样的，看画后产生的联想也不一样，所以评价也会不一样。但是，好画还是能够得到大多数人的认可。

一幅画不一定具备上述三个层次，但是一定具备第一、第二层次，也就是一定会使用绘画语言、呈现艺术形象，但却不一定有意境；只有那些优秀的画作才会有意境。如果一张画仅仅是造型十分准确，但缺乏内涵，那就是我们常常讲的匠人画。我国的文人画不讲究造型准确，往往是“逸笔草草”“聊写胸中逸气”，讲究的主要是意境。第一、第二层次主要是就绘画的形而下的方面来谈，第三层次是就形而上的方面来谈的。

❶ 彭吉象：《艺术学概论》，北京大学出版社 2015 年 5 月出版，第 360 页。

二、人物画：画面与画心

中国绘画一直有重教化的传统，人物画是其最早成熟的品种，当然也是最好的教化工具。汉代的麒麟阁、唐代的凌烟阁，都是出于教化目的设立的，里面画的都是功臣图，供人们顶礼膜拜。宗庙、祠堂里也绘有大量神明、圣人、帝王、名臣像。当然，也有一些绢画存世，比如《女史箴图》《列女仁智图》《女孝经图》等，是对妇女的劝诫。唐代张彦远在《历代名画记》中说："夫画者，成教化，助人伦，穷神变，测幽微，与六籍同功。"这一传统一直被后世画家沿袭。

人物画在唐代已经成熟了，画法几近完备。宋代人物画在唐代的基础上进一步发展，写实程度更高。宋代人物画绘画题材更加多样，开启了把儒家经典图像化的历程，比如《孝经图》《诗经图》等，人物画的局面为之一新。

人物画的核心是传神，宋代人物画的传神程度已经很高了。比如宋徽宗的《听琴图》，不仅造型准确，而且人物各具神采，把听琴的状态描绘得出神入化、活灵活现，感人至深。

（一）满壁风动的壁画

壁画粉本

在中国绘画史上，曾经出现过张家样、曹家样、吴家样、周家样，这些都是人物画的样式。值得注意的是，这些模式与风格都是佛教、道教绘画风格。

所谓张家样，就是南朝萧梁时期的张僧繇创立的绘画风格，当时正是佛教高速发展时期。曹家样就是北齐时期画家曹仲达所创立的一种绘画风格。曹仲达绘制的佛像衣服紧贴身体，即“曹衣出水”。吴家样是唐代吴道子所创立的绘画风格，在张家样、曹家样基础上发展而来，线条比较飘逸，被称为“吴带当风”。唐代尊崇道教，大量道观需要壁画，据说吴道子画了不少道教壁画。周家样是晚唐时期由周昉创立的，他把佛教绘画和中国的民族特点结合在一起，使佛像具有了

图 2–01 唐 吴道子《八十七神仙卷》，徐悲鸿纪念馆藏

中国民族的一些特点。

这些“样”都是寺观壁画粉本。在唐宋以前，壁画是一个主要的绘画品种，无论是宫廷、寺庙、官府，还是贵族私宅的墙壁，都要绘制壁画。对于绘画大师来讲，可能直接在墙壁上作画，也可能先画好小样，再上墙。民间也有一大批壁画匠人，他们的创作能力有限，于是就需要各种“样”来照着画。

为什么叫“粉本”？这涉及壁画的绘制方法；绘制壁画时，首先需要在小样的基础上等比例放大制作壁画原大的画稿，再在画稿的线条上打密集的针孔，然后将画稿敷在墙壁上，用粉包拍打，带色的粉就会在墙壁上留下痕迹。这样画稿

就成功转移到墙壁上，然后根据墙壁上的粉点勾出线条。所以，民间壁画匠人必须有粉本。当然，也不排除部分壁画匠人对局部的修改甚至重画。传世的武宗元《朝元仙仗图》、徐悲鸿收藏过的《八十七神仙卷》都是壁画粉本小样。

在壁画绘制过程中，勾线最为重要，都是由大画家来完成；填色则可以由低级画家甚至助手来完成。对于民间画匠来讲，也是一样：勾线由高手完成，填色由水平一般的人或弟子来完成。张彦远在《历代名画记》中多次记载吴道子画寺观壁画时仅仅负责勾线，布色由弟子或助手来完成。

北宋时由于崇信道教，道观壁画盛行，曾出现一大批擅

图 2–02 敦煌壁画粉本图，大英博物馆藏

画道教人物的画家。大中祥符初年，宋真宗下旨建造玉清昭应宫，宫中壁画由高文进和王道真主持设计。高文进是北宋皇家画院祗候，与著名花鸟画家黄居寀常列宋太宗赵光义左右。大约是这些人绘制粉本（底稿）。

为了满足壁画绘制的要求，真宗下旨招募天下画家，有3000人应试，合格者百余人，其中武宗元名列第一。勾线上墙、敷彩等绘制工作由武宗元和王拙以外的合格者根据粉本完成，武宗元和王拙为左右部长，丁朱崖作为监督。著名微画专家燕文贵也参与了壁画的绘制。武宗元是著名的宗教画家，传世的《朝元仙仗图》道教壁画粉本就是由他绘制的。我国著名画家徐悲鸿收藏的《八十七神仙卷》是此画的临本，原本流落国外，由徐悲鸿先生购回。徐悲鸿先生非常喜欢这幅画，专门请人刻了一枚“悲鸿生命”的印章，钤盖在画作上。此画现存北京徐悲鸿纪念馆。

敦煌藏经洞曾经发现一些壁画粉本，有些粉本上有很多的小孔，主要用于上墙扑粉。关于壁画绘制，古代民间绘画匠人还有很多的发明。他们还总结了很多口诀，代代传承，成为民间美术教育的重要组成部分。这些都值得我们珍视。

宋徽宗时期也建造了大量的宫殿、道观，但是壁画人才短缺。于是他创办了画学，这是最早的官办绘画学校，培养了大批壁画人才。所以壁画在宋画中占有很大的比重，它们面积巨大，气势撼人，对大众能够起到很好的教育作用。

但是，随着时间的流逝，这些建筑都灰飞烟灭了，壁画也就无迹可寻了。好在敦煌为我们保留了大量的早期壁画，包括大量宋代壁画。虽然宋朝的实际管辖范围没有到达过敦煌，这些壁画实际上是由西夏或其他割据政权的画家绘制的；但我们也能从中窥见同期宋朝壁画的繁荣景象。

由壁画到绢画

在中国古代相当长的时期内，壁画都是正宗，用于悬挂的绘画和案头欣赏的绘画反而是少数。郑振铎先生说："中国绘画从古代开始就以壁画为正宗。屈原呵壁问天，壁上所绘的是壁画。汉代鲁灵光殿，图画天地品类群生。宣帝画功臣图像于麒麟阁。壁画之应用甚广。张彦远《历代名画记》所载六朝隋唐的大画家，其主要的伟大的创作，皆是壁画。至宋渐易为缣素。然寺院壁饰，犹是鸿篇巨制。不过其作者渐成专业，设肆营生，与建筑工人同科并列，为士人所鄙视。绘画史上，壁画作者的姓名，遂至绝迹。宋元以来的画坛，竟被封建地主阶级的画人们所窃据。而古代壁画，历经兵燹，都已随宫殿寺院而俱烬。我们仅能于汉宋墓石的壁上，略见其规模。偶在深山野谷与僻远地区的寺院中，或得遇一二兵火所不及，风日所未侵蚀者。到了甘肃敦煌千佛洞壁画的发现，从六朝至元代约一千年间的绘画史，才得到大批资料，才能开始有系统的研究，才能纠正过去艺术批评者的偏差。”[1]

五代、两宋特别是北宋中期以后，花鸟画、山水画盛行，人物画逐渐退居次要地位，道释人物画逐渐不为专业画家所重视，大量寺观壁画的绘制任务改由民间画师来承担，这种情况一直延续到明、清。虽然绘制人员的层次降低了，但由于专业画工的世代积累，粉本世代相传，也创作出了无数规模宏大、气势雄伟，令现世画家叹为观止的寺观壁画。他们所绘的道释人物构图巧妙、设色大胆、线条流畅、题材多样，是中国古代绘画不可缺少的重要部分。

特别值得一提的是，虽然这些壁画大多服务于宗教的要求，但画工们将很多现实的内容搬上画面，使许多历史信息

[1] 郑振铎：《〈敦煌壁画选〉序》，见《郑振铎艺术考古文集》，文物出版社，1988 年 9 月出版，第 53 页。

得以形象地保留下来。如古代服饰、耕作、战乱以及一些民俗方面的内容。现存的许多壁画有题记专门记载绘制年代和工匠名称，断代较为准确，对绘画史的研究来说有很高的参考价值。

但是，随着统治者对佛教和道教的认识的变化，历史上出现多次灭佛、灭道运动，许多寺观壁画随寺院和道观的毁坏而消失。没被毁坏的也因为自然的侵蚀，随寺观的倒塌而灰飞烟灭。好在敦煌为我们留下了大量珍贵的壁画资料。

（二）雅集：文人的精神盛宴

文人喜欢雅集，他们通过雅集交流信息与观点，激发自己的创作灵感。雅集是一种文人游戏。雅集的内容不定，随着雅集人的兴趣而变化，抚琴、调香、观画、弈棋、烹茶、听风、游山、饮酒、观瀑、采菊都可能成为其主题，有时可能多个主题交融在一起，内容更加丰富。

在宋代，雅集是激发词人灵感的重要形式。“有学者做过一个有趣的统计，两宋共有词作约二万二千余首，其中作于宴上席间的应社词就有一万多首，可见宋词多是喝酒喝出来的。”[1] 在文人雅集历史上最著名的莫过于兰亭雅集了。王羲之本人是大书法家，被称为“书圣”。兰亭附近风光秀美，正像王羲之《兰亭序》中所说，“此地有崇山峻岭，茂林修竹，又有清流激湍，映带左右”。风景优美是一个条件，关键是人要有雅兴。王羲之等人正是一群有雅兴的人，所以一拍即合，成就了这样一场千古雅事。

[1] 周扬波：《闲话文人结社：俱怀逸兴壮思飞》，2004 年 5 月刊于《星星》诗刊。

东晋穆帝永和九年（353）三月三日，王羲之、孙绰、支遁、谢安、王献之、王徽之等 42 人在兰亭聚会，当时的著名文人们在流水边席地而坐，上游有童子将酒觞放到溪水中，如果酒觞在哪位前面停住，此人就要饮酒并赋诗一首。最后，将这些诗集合在一起，王羲之乘兴为诗集写序，这就是书法史上大名鼎鼎的《兰亭集序》。王羲之从永和七年（351）开始担任会稽内史，直到弃官归隐，四年内几乎年年在兰亭参加聚会。

兰亭雅集随着《兰亭集序》的广泛流传而名垂千古，成为后世文人仰望、膜拜的对象。很多雅集以兰亭雅集为模板，希望能够延续兰亭的仙气。传为北宋画家李公麟所绘的《兰

图 2–03 北宋 李公麟（传）《兰亭修禊图》，私人收藏

亭修禊图》，主要描述王羲之兰亭雅集的盛况。

此幅《兰亭修禊图》为团扇形，高、宽都是 43 厘米。图中文人们在小水沟两边席地而坐，有的在赋诗，有的在饮酒。水沟中漂着一些酒觞，旁边有两丛竹子，还有一棵大树。旁边有一处水榭，有一人正在书写，此人应该就是王羲之。背景中的小山虽然不高，但是十分陡立。现在的兰亭曲水流觞处，山确实不高，不过也不陡立，山势还是比较平缓的。画家在画画的时候，肯定加了自己想象的成分。画面中参与的文人共 20 位，远远没有达到实际的 42 人，显然有些人被画家“艺术掉”了。

图 2-04 北宋 李公麟（传）《会昌九老图》（局部），故宫博物院藏

北宋李公麟（传）绘《会昌九老图》

白居易是唐代著名诗人，退休后住在东都洛阳，与胡杲、吉皎等人相友善，经常聚会。他们诗文唱和，喝酒饮茶，谈禅论道，是一种老年文人雅集。该集会最初是“四老会”，后来扩大成“七老会”，最后固定为“九老会”。时间大致是唐武宗会昌年间（841—846），开始是在洛阳履道坊白居易的家中。白居易的这个家实际上是一处园林，“占地十七亩，而且还真有山有石，有水有船，有花有树。白居易的家分为三个部分，占地约三分之一的房屋，以及占地约三分之二的两个小花园——南园、西园。在两个花园中，水面占五分之一，竹林占九分之一。这个比例，来自白居易本人的记录：‘地方十七亩，屋室三之一，水五之一，竹九之一。’”[1] 参与人员包括胡杲、吉皎、郑据、刘真、卢真、张浑、李元爽、如满禅师，加上白居易自己，正好九位。画师将雅集场面画了下来。

[1] 章雪峰：《名画中的隋唐史》，山东文艺出版社，2021 年 1 月出版，第 241—242 页。

《会昌九老图》是一个长卷，长 2.45 米，宽 0.28 米，基本没有色彩，应该属于界画。屋瓦、桥梁的绘制都借用了界尺作为辅助工具，高度写实，十分工细，如树干部分通过墨的浓淡变化显得立体感很强。画面开始是修竹、巨树，然后是一水榭，

中间坐着三位文人。画面进一步展开，是一条正在行驶的船，上面坐着两位文人正在弈棋，一位船夫正在撑船前行。再向后，就是一座厅堂，中间坐着四位文人，两位童子在一边伺候。右边是茶坊，两个茶瓶正在炭火上加热，两位仆人一坐一立，一位正在备茶，桌子上摞着高高的茶盏，旁边还有一个茶盒；另一位仆人坐在台阶上正在打盹，一副懒洋洋的样子。最后，一个仆人提着一把壶正在走向左边一座亭子，亭子里有四只石鼓凳，有一位仆人正在亭子前扫除落叶或尘埃。画面中九位文人，正好对应九老。他们都戴着东坡巾，据说东坡巾是苏东坡发明的，唐朝的白居易等九老怎么能够穿越戴东坡巾呢？此图传为李公麟所作，如果属实，李公麟作为北宋人，按照宋人的服装画唐人恐怕也是没有办法。另外，在厅堂里的几位老人都坐在圈椅上，圈椅在唐代的形制还没有成熟，这种样式宋代以后才有，也属于穿越。画面厅堂中四位老人面前的桌子上都摆着纸或者书籍。其中一人面前摆着一摞册页装的书，这也是穿越。唐代的书籍基本都是卷轴装，册页装是五代到宋逐渐普及的。由此可见，画家加入了很多宋代的元素。画面中的树叶有的是通过干笔点出，有的是夹叶画法，松树的松针也高

图 2–05 南宋 刘松年（传）《西园雅集图》，台北故宫博物院藏

度写实。

唐代九老会雅集图已经失传，传为李公麟绘的《会昌九老图》未必和原图有关，可能有很多想象的成分。但是无论如何，这是一幅宋代的会昌九老雅集图，至少是离白居易九老会时间最近的一幅图。同时，它还带有宋代的文人雅集的气息，值得珍惜。

北宋李公麟绘《西园雅集图》

李公麟于元祐三年（1088）绘《西园雅集图》。西园雅集是宋代的一次著名的文人雅集，雅集的主人是驸马都尉王诜，其夫人魏国大长公主是宋神宗的胞妹，家有园林，有足够的财力举办雅集。王诜作为驸马都尉，是绘画高手，擅画人物，与文人的交流比较多。山水“近规李成，远绍王维”，苏轼称他“得破墨三昧”，明人张丑称“金碧绯映，风韵动人”。王诜有《渔村小雪图》《烟江叠嶂图》《行草自书诗卷》等作品传世。王诜与苏轼关系密切，经常送茶果酒食给苏轼，还请苏轼在自己收藏的韩干的《牧马图》上题跋。

北宋元祐年间，王诜在自家园林西园举办文人雅集，这次雅集参加的名人有苏轼、苏辙、黄庭坚、秦观、李公麟、米芾、张耒、蔡肇、王钦臣、李之仪、陈景元、郑嘉会、刘泾、晁补之、和尚圆通、道士陈碧虚等，多为冠绝一时之人物，能够汇聚在一起，实在是千载难得。

王诜请李公麟将这次雅集画在一张画里，这就是《西园雅集图》。但是，李公麟本《西园雅集图》早已失传，台北故宫博物院藏有一本，面貌较新，学术界关于其真伪争论很大。南宋刘松年本相对古雅一些。

刘松年本是一个手卷，画面中主要人物对应的画面上部边沿大多有题记注明人物名称。第一组人物显示，苏轼正在案上写字，有王诜、李之仪、蔡肇围观，还有侍女侍候在侧。值得注意的是，苏轼坐的是豹皮软墩，对面空的座位是一只虎皮软墩。豹皮、虎皮不是一般家庭用得起的，更衬托了王诜驸马都尉的贵族身份。第二组人物：秦观坐在大树下正在欣赏道士陈碧虚弹阮，但是这两个人物顶部没有题名。第三组人物：米芾正在题壁，王钦臣在一边观望。第四组人物：李公麟正在作画，黄庭坚、苏辙、晁补之、张耒、郑嘉会等人在一边欣赏。第五组人物：和尚圆通坐在竹林边正在给刘泾说法，周围是大片的竹林。在几组人物中间点缀大片的芭蕉林、竹林和奇石。

按照宋朝政策，为避免皇亲结交官员构成对皇权的威胁或者泄露皇家机密等问题的出现，禁止皇亲与朝士私相往还。景祐元年（1034）专门颁布诏书："如闻戚里之家，多与朝士相接，或漏禁中语，其令有司察举之。"[1]后来，乌台诗案发，王诜因结交苏轼而受处罚，元丰二年（1079）十二月二十六日，王诜以"交结苏轼，及携妾出城与苏轼宴饮"罪名，被"追两官勒停"，责授昭化军节度行军司马，均州安置，移颍州安置。[2]看来这次西园雅集给王诜带来的不仅是文雅的名声，还有他没有料到的灾祸。

美国纳尔逊 - 阿特金斯艺术博物馆藏有一幅传为马远作

[1] 李焘：《续资治通鉴长编》卷一一四，景祐元年五月庚午条，中华书局，2004 年出版，第 2676 页。

[2] 梁建国：《朝堂之外：北宋东京士人交游》，中国社会科学出版社，2016 年 7 月出版，第 223 页。

的《西园雅集图》，人物分布较为集中，大都集中在一个大案周围。有人考证，这幅画描绘的是南宋某私人雅集的场景，与西园雅集无关。宋代绘画大多无名款，这就给后世人附会提供了方便之门：把这幅画和著名的西园雅集扯上关系，不就更引人注意了吗？

西园雅集一直是后世画家喜欢的题材，成为一个绘画母题，不仅有李公麟绘图，马远、刘松年、钱舜举、赵孟頫、唐寅、陈洪绶、原济、尤求、李士达、顾洛、陈以诚、顾知、仇英、华喦、丁观鹏、陈少梅等都曾作过西园雅集图。

北宋赵佶（传）绘《文会图》

传为赵佶所绘的《文会图》描绘的是一场在皇家宫苑内的雅集活动。赵佶爱热闹，喜欢在宫廷里召集文人雅集。图中文士环桌而坐，两棵大树右侧是一大案，上面摆满了盘盏，布列整齐有序，上面是仙桃等各种水果，场面十分豪华。九位文士围桌而坐，或品茶，或交谈。两位文士在大树左侧竹林边交谈，其中一人持杖。在画面最前方有五位仆人正在备酒、备茶。炭炉上两只茶瓶正在加热，桌子上摆着很多黑色盏托，旁

图 2–06 北宋 赵佶（传）《文会图》，台北故宫博物院藏

边浅色矮桌上有两只带有温碗的宋代特有酒注子。有一位童子，一手托着茶盏，一手正在拿着长匙从茶叶罐中取茶末。在大方案之后，栏杆前，还有一个大石桌，上面有古琴、书册、一只古鼎、笔墨纸砚等，显然是为雅集准备的。图中人物各具神态，十分生动。最左侧是宋徽宗的花押“天下一人”，右上角是徽宗的题诗《题文会图》：“儒林华国古今同，吟咏飞毫醒醉中。多士作新知入彀，画图犹喜见文雄。”左上角是蔡京的题诗《臣京谨依韵和进》：“明时不与有唐同，八表人归大道中。可笑当年十八士，经纶谁是出群雄。”画中栏杆十分工细，还有翠竹点缀，看来这场雅集应该是在皇家园林中举办的。

这是一场超级大派对。赵佶一生爱茶，有时还亲自动手烹茶，以斗茶取乐。他还亲自撰写了《大观茶论》，此书至今仍然是品茶经典。

宋代佚名绘《洛阳耆英会图》轴

北宋神宗元丰五年（1082），宰相富弼退休后，和文彦博商量，仿照白居易“香山九老会”组织洛阳耆英会，定期雅集，诗酒唱和，既然退休了，就不按官职排序，而是按年龄降

图 2-07 宋 佚名《洛阳耆英会图》轴，台北故宫博物院藏

序轮流坐庄。最后选中13位年龄相仿、志趣相投的退休官员：富弼，做过宰相，79岁；文彦博，做过宰相，77岁；年纪最小的是司马光，64岁，也是宰相，当时尚未退休……最后约定由司马光撰写《会约》，此约规定不强迫饮酒，量大多饮，量小少饮，聚餐菜品不超过五种。其中有一条规定很有意思，就是为了节省纸张，主家只写一张通知单，仆人挨家通知，来不来只需备注一下即可。耆英会实际上是北宋退休高官的一个俱乐部，其中有三位宰相，这种层次的聚会十分难得，在当时就引人注目，在后世更是成为雅集佳话。

此画为彩色，绢本工笔重彩。展开画面就可以看到，房屋非常讲究，屋檐前垂有布幔和竹帘，在正面厅堂中有两人在弈棋，两人观棋。白衣老者居于右侧，侧身而坐，须发皆白，目光停留在对手下棋的动作上。他一手持棋子盒，一手正在棋子盒中摸棋子，这是下棋人的典型无意识动作：在思考下一步棋如何走的时候，经常会用手指在棋子盒中摸子，这一点刻画十分传神。右边隔间一黑衣老者正在向他们走来，有一位童子端着红色托盘，上面是备好的白色茶碗，十分醒目。左边的隔间有两位老人正在观书，应该是交谈读书心得。

从正堂出来，可见屋前的两棵松树十分挺拔，高耸入云；画面近处的白梅星星点点，十分突出。松树和梅花大概暗喻文人品行的高洁。右侧松树下还有两头梅花鹿，鹿是一种瑞兽，象征"禄"。再远处，小桥上有三位老人正在交谈，画面左下角三位老人在三位童子的照顾下前行。其中一位有些步履蹒跚，需要把左臂搭在童子肩上行走，表现出一种老迈之态，这个人就是富弼。

画中共计有 13 位文人，各具特征，都很有神采。其中有 5 位老人戴着风帽，加上梅花的出现，基本可断定雅集是在冬季举行的。整幅画面中用蛤粉涂成的白色服装、白色屏风形成画面的最亮色，与背景的房屋、树木、山峦形成极大的反差，画面效果很好。整个画面人物布局合理，共分五组，三组在室内，两组在庭院里，人物之间都有呼应关系，和房屋、树木、桥梁共同构成一个祥和的画面。老人们其乐融融，令人羡慕。

（三）世间何处好读书

宋代是雕版印刷的黄金时代，图书被大量生产出来。同时，宋朝科举制度在隋唐的基础上进一步发展、完善，很多官员都是通过科举考试入仕，这一比例要比唐代高出很多。宋代汪洙《神童诗》中“朝为田舍郎，暮登天子堂”成为社会上流传的口头禅，当然也成为读书人的理想。宋朝讲究文治，崇文抑武成为国策，大力提倡读书，开国皇帝赵匡胤经常手不释卷，而且号令国人读书。读书人在宋朝社会地位很高，宋真宗还专门写过《劝学诗》：“书中自有黄金屋”“书中自有颜如玉”。在这种大环境下，各种读书图也应运而生。

南宋刘松年（传）绘《山馆读书图》

刘松年，“南宋四家”之一（其余三人分别是李唐、马远、夏圭），山水、人物、花鸟画都很擅长，经历高宗、孝宗、光宗、宁宗四代皇帝，为皇家画院待诏，是一位宫廷职业画家。曾奉旨进献《耕织图》，受宁宗赏识，被赐金带。其著名作品有《西园雅集图》《九老图》《卢仝煮茶图》等。

图 2–08 南宋 刘松年（传）《山馆读书图》，故宫博物院藏

《山馆读书图》幅面很小，长24.3厘米，宽24厘米，基本是一幅方形绘画，属于典型的小品画。传世的宋画大部分是小品画，大不盈尺，幅面非常小，这幅画就是一个代表。据中央美院邵彦女士分析，这些小画在宋代是有实用功能的：圆形一般是团扇扇面；方形一般是多格屏风的装饰画，或者是灯片，也就是灯笼上的装饰画。这些小画大多是宫廷画师所绘，绘制十分工细，意境优美；绘画种类齐全，山水、花鸟、人物都有，大多体现文人情调，格调雅致。

《山馆读书图》的画面很有生活趣味。院落里一个仆人正在扫院子，院子的篱笆十分整齐。院内树木蓊郁，想来空气一定很清新。两棵巨大的松树十分挺拔，其中一株上部盘盘曲曲，松枝侧向下垂，几乎把屋顶全部遮住。在宋代绘画中，松树是一种经常出现的树种，画家大概是用其喻示凌寒不凋的高贵品质。三株阔叶树树叶都用夹叶法画成，内中用淡绿色点染。

画面中的屋子非常讲究，地面铺有方砖，前门、山墙都挂有竹帘，竹帘上面还有一层垂下的装饰布，和前文提到的《洛阳耆英会图》轴的装饰布有些相似。可见这是宋代高档房屋的一种习惯装饰。正门入口有一个巨大的落地屏风，上面似乎画的是水。屋子里有一人正在展卷阅读，神情放松。读书人坐在宽大的方形靠背椅上，长长的书案干净整洁，旁边还有一个香炉，看来是边读书边焚香，整个画面营造了一个理想的阅读空间。

南宋赵伯骕（传）绘《风檐展卷图》

赵伯骕是皇族出身，南宋著名画家，其兄赵伯驹也是著名画家。他对山水、人物、花鸟都很擅长，有《番骑猎归图》《万松金阙图》等作品存世。

《风檐展卷图》属于小品画，长、宽都是32厘米，很适合案头把玩、欣赏。画面中房屋非常讲究，有斗拱，这是身份的象征，在中国古代，没有功名的人家不能用斗拱。屋檐斗拱下面有布样的垂饰，和上文提及的装饰是一个类型，只不过花样有些区别。屋子右侧墙壁悬挂两幅卷轴画，看样子像是山水画。屋内主人上身白衣，坐在榻上，左臂搭在凭几上，状态极为放松，似乎是累了，正在休息。坐榻前面有一小桌，上面有展开的图书，旁边还有一摞书，突出了该画的主题，榻的右

图 2–09 南宋 赵伯骕（传）《风檐展卷图》，台北故宫博物院藏

侧还放着一架小型屏风。屋内左边有两位女性，应该是读书人的家眷，她们身穿褙子，其中一女的褙子衣襟为红色，十分醒目。

院内一株古松占据大半个画面，多个主干并立，交错向上。屋子外面右侧是太湖石和丛竹，太湖石画法类似于宋徽宗《祥龙石图》，用深浅不一的墨点代表石头表面的凹陷部分。一个小平桥横跨在小溪之上，远处是湖泊和远山。远山仅仅是淡淡地染了一下，这是宋画中常见的技法。小桥上两个童子正在交谈，似乎是交代主人的吩咐，一个童子两手托盘，盘上似乎是香炉……整个画面宁静、闲适，在绿水青山之间有这样一处书房，实在是一件妙事，现代人恐怕很难有这样的机会了。

（四）面相背后的密码

中国古代人物画与相学关系密切，古代人物画像大多相似，主要是这个原因。相学是一门古老的学问，通过观察一个人的相貌、精神特征、行为举止来判断一个人的禀赋、命运等，实际上是世界上最早的“人脸识别系统”。在这种理念指导下，福相、官相、才相是最重要的，写实在它们面前就显得不重要了。当然，这也是一种变相的“美颜”。相术在民间很有市场，很多算命先生以此为生。相学主要源于人们对未来的好奇，无论准与不准，很多人都愿意听一听。古代小说中有大量关于相面的故事，有的还被描写得神乎其神，这些故事中相面往往也是最吸引人的部分。当然，有些江湖术士也通过相面来骗人。

按照相学的理论，国字脸、大耳、广额被视为帝王相。据《宋史·太祖本纪·三》记载，有一次赵匡胤要微服出行，属下劝他说，陛下刚刚得天下，人心未稳，万一有点意外，不后悔吗？赵匡胤说：“帝王之兴，自有天命。周世宗见诸将方面大耳者，皆杀之。我终日侍侧，不能害也。”赵匡胤在这里宣

图 2–10 宋 佚名《宋太祖坐像》，台北故宫博物院藏

传天命观，来说明自己当皇帝是上天之命，别人左右不了，当然，也有事后显摆的嫌疑。

据北宋田况著《儒林公议》记载：“太祖天表神伟，紫黵而丰颐，见者不敢正视。李煜据江南，有写御容至伪国者，煜见之，日益忧惧，知真人之在御也。”“紫黵”意思是说太祖脸色紫黑，“丰颐”就是指大脸盘，也就是帝王相的特征之一。李煜看到赵匡胤的画像，被他的御容征服，十分忧惧。从现存的《宋太祖坐像》中可以看出，赵匡胤确实被画成了大脸盘，脸色深重，和这个故事很吻合。

但不是所有的帝王都喜欢大耳广额这种标准“帝王相”的。现藏于台北故宫博物院的《宋徽宗坐像》中描绘的宋徽宗就非常端庄、清秀、帅气。画面上的他双眼皮，鼻梁笔直，留

图 2–11 宋 佚名《宋徽宗坐像》，台北故宫博物院藏

有小胡子，一副标准的美男子模样。这幅画在法国展出时，曾引起轰动，他们惊讶中国的帝王竟然如此漂亮。中国历史上有 400 多位皇帝，从传世画像来看，宋徽宗是最漂亮的。一个原因是宋徽宗本人长得十分漂亮；另外，也有可能是因为徽宗本人不喜欢传统帝王画像里模式化的“帝王相”，因而故意让人画了一幅较为写实的肖像画。并且徽宗画像是四分之三侧面像，据说这是人像最美的角度。

宋朝是第一个完整保留该朝皇帝像的政权，十八位皇帝都有画像存世，前面的汉唐没有这样的现象。这一习惯被后世的元明清继承下来。

我们从后世很多帝王、名臣像中都能看出一个模子，这个模子有相学的成分在里面。过去，大家很少从这一角度看问题，作者在这里也仅仅是开一个头，希望有专家来深入研究这一问题。

（五）儒释道三教合流

据考证，儒教在先秦时期已经形成，道教在东汉时期成立，佛教在东汉时期传入，魏晋时期开始普及。而后，三种文化开始互相影响，在中国文化史上出现了儒道释三教合流的景观。敦煌壁画虽然属于佛教壁画，但是也有很多中国传统神众，比如伏羲、女娲、雷神、风神、西王母、东王公等。山西悬空寺有一个三教殿，供奉孔子、老子、释迦牟尼。在全国很多地方都出现了佛教殿堂里供奉有儒家和道家的圣人或神灵的现象……这是中国文化史上特有的现象，也是世界文化史

图 2–12 北宋 张择端《清明上河图》中的儒生、僧人和道士

上的奇观。

宋代文人与佛教大多关系密切，例如大文豪苏轼号“东坡居士”，居士就是佛教中的在家修行者。宋代文人与僧人交往很多，如东坡与佛印、王安石与觉海都关系密切，常有诗文往还。这种情况在《清明上河图》中也有体现：在孙羊正店边上的十字路口，几个儒生和一位僧人谈得十分投机，边上两位道士正在交谈，他们之间的关系十分融洽，相互之间没有违碍。这说明宋代三教合流已经成为一种普遍现象，得到了社会认同。

所以，这一时期也出现了表现三教合流的画。如刘松年的《撵茶图》，就很好地体现了三教合流主题。从这幅画中，我们可以看到一个小型雅集的场面。从图中人物的衣冠可以明显看出头戴方巾者为儒生，穿道袍者为道士，光头穿袈裟者为僧人，他们一起品茶，谈佛论道，不亦乐乎。

庭院中装点着瘦直陡立的山石，后面是扇形的棕榈树叶，

图 2-13 南宋 刘松年《撵茶图》，台北故宫博物院藏

占据画面左上角，成为墨色最重的一部分。画面中三位主要人物都处于右下角，是一种有效的平衡。三人形成了一个故事画面——僧人正在案上书写，桌子上文具齐全；儒生头戴东坡巾，手持卷轴，正扭头看着僧人；道士坐在僧人的对面，也在欣赏僧人的书写行为。如此确定了画面的主角人物是僧人，所以他的画面特地表现了书桌的场景。书桌上文具、卷轴、花瓶、香炉不一而足，僧人正前方的鼎形香炉里的香烟袅袅，使画面展现出了时间的流动。

三人对面的情景便是这次绘画的主题——碾茶。两个仆人，一个在煎茶，一个在磨茶。大桌子上茶具齐全，桌子旁边有一个野外用的风炉，桌子杌上还搭着一块手巾。此画线条刚劲流畅，人物传神，没有丝毫的冗余，技艺高超。图中对点茶、碾茶描绘细致逼真，是研究宋代茶道的重要参照物。

（六）电影的老祖宗：异时同幅

一般来说一幅画都是描绘某一时刻的事物，但是异时同幅表现的却是连续时空。我国东周时期的画像漆盒已经采用

图 2–14 洛阳汉代墓室壁画摹本《二桃杀三士》

这种绘画技术，这件漆盒于湖北荆门包山东周墓出土。画面中用树木把各个不同时空的部分隔开。洛阳出土的汉代墓室壁画《二桃杀三士》描绘的也是一个连续时空。敦煌壁画中也有大量案例，比如《尸毗王舍身贸鸽本生》《萨埵以身饲虎本生》等，《劳度叉斗圣变》变文卷子也采用这种绘画方法。辽宁省博物馆藏《洛神赋图》中曹植出现 7 次，洛神出现 6 次，以低矮的小山和赋文分割各个画面。《韩熙载夜宴图》用屏风把各个部分隔开。后世的有些绘画还用云彩、山石分隔不同时空的画面。

异时同幅是一种伟大的创造。西方绘画中也有这种技术，如公元 6 世纪《维也纳创世纪》手抄本插画描绘的亚当和夏娃的故事就是异时同幅，在同一幅画面中亚当和夏娃各出现了 3 次。文艺复兴时期著名画家波提切利（Sandro Botticelli，1445—1510）绘制的西斯廷壁画《摩西的考验》中摩西出现了 7 次。

以上中西方的例子，都是人物的异时空，国画里还有景物的异时空。

如宋代李嵩的《花篮图》，图中绘有一个竹编花篮。篮子

图 2–15 文艺复兴时期 波提切利《摩西的考验》，西斯廷礼拜堂壁画

中有秋葵、栀子、百合、广玉兰、石榴等花卉。从自然规律来看，秋葵是 8 至 10 月开花，栀子是 5 至 6 月开花，百合是 4 至 7 月开花，广玉兰是 4 至 6 月开花，石榴是 5 至 6 月开花。对于李嵩来讲，管他何时开放，只要漂亮，就可以画在一起。这种案例，不是孤例，而是一种习惯。包括《清明上河图》在内的很多作品都采用了异时同幅的画法。《清明上河图》既有春天的景色，比如柳树刚刚发芽；也有夏天的场景，比如很多人穿着背褡；还有秋天的景象，比如十千脚店酒幌子上写着“新酒”字样，而新酒在 8 月才能上市……画家也是把不同季节的景象画在一起。

长期以来，这种画法在中国画中成为一种传统。其实中国画往往是画意，而不是画形，画家不受时空观的限制。在他们

的意念中，一个画面中四季都可以同时出现。在中国水墨画的创始人王维画的《袁安卧雪图》中就出现了芭蕉和雪。众所周知芭蕉在冬天会凋零，二者怎么可能同时出现在一个画面呢？唐代画论家张彦远在《画评》中说："王维画物，多不问四时，如画花往往以桃、杏、芙蓉、莲花同画一景。予家所藏摩诘《袁安卧雪图》有雪中芭蕉，此乃得心应手，意到便成，故造理入神，迥得天意，此难可与俗人论也。"[1]清代画家金农说："王右丞雪中芭蕉，为画苑奇构，芭蕉乃商飙速朽之物，岂能凌冬不凋乎。右丞深于禅理，故有是画，以喻沙门不坏之身，四时保其坚固也。"[2]按照金农的意思，王维通过芭蕉喻禅四时不凋，这又是一种解释。

自王维将芭蕉和雪画在一起后，后世不断有画家将不同

❶沈括：《梦溪笔谈》卷十七。

❷金农：《冬心先生杂画题记》。

图 2–16 南宋 李嵩《花篮图》（夏），故宫博物院藏

季节的景象画在一起，如清代画家沈铨画过《雪中蕉鹤图》。北京故宫博物院藏有明代文人画大师徐渭的《梅花蕉叶图轴》。在这些艺术家的眼里，为表达艺术可以任意想象、自由驰骋，随意挥洒，对景象任意组合，只为尽兴，完全不顾及现实时空的限制，不顾其他。这是一种艺术的高度自由，甚至是一种天马行空。我们如果仍然用现实的时空观去理解它们，无疑就误入歧途了，当然就不能领会其神妙。

（七）人物画的陪衬

早期的人物画大多没有背景。随着时代的发展，为了追求真实，画家们逐渐为人物画增添了各种背景，包括山水、花卉、房屋、屏风等等。东晋顾恺之的《洛神赋图》中有树木、小山、流水等背景，但是图中山石、树木的画法都很稚拙。在宋代和宋以后成熟的山水画中，人物反倒是变得非常小，成了山水的点缀，很多时候仅仅是粗粗的几笔简单的勾画、一个轮廓而已。

南宋李唐绘《采薇图》

李唐为“南宋四家”之一，曾是北宋的宫廷画师，后来南渡，又被纳入南宋的宫廷画师队伍。李唐对人物、山水画都很擅长，是一个多面手，马远的一角式画法直接师承他。

《采薇图》描绘的是周武王灭商以后，商朝贵族伯夷、叔齐不食周粟，饿死于首阳山的故事。

在画面中，面对观众的是哥哥伯夷，背对观众侧面的是弟弟叔齐。伯夷、叔齐正在交谈，二人有些蓬头垢面，胡须飘飘，看起来身体很虚弱，但是神情上仍透露出一种高贵的气质。伯夷双手抱膝，为四分之三侧面像，这是人物最美的角度，早在东晋顾恺之《洛神赋图》中已经开始大量使用。叔齐为侧面像，一手撑地，另一只手正在比画着，展现出一种动态感。

这幅画是一个横幅，画面山石、树木杂处，上不留天、下

图 2–17 南宋 李唐《采薇图》，故宫博物院藏

不留地，是一种全新的构图法。北宋山水画大多上面留天、下面留地，过于程式化，李唐对这种画法进行了突破。其绘制方法上也抛开精工勾勒，而具有了写意的成分，这是一种重要变化。山石使用大斧劈皴，也是一种创新，对后来马远的山水画法影响很大。人物衣纹线硬折较多，为典型的“折芦描”，顿挫得当，将衣服的质感、皱褶表现得很充分。人物头发、胡须刻画细致，毛发质感很强。山石粗放，人物细腻，二者形成鲜明的对比，更加突出了画面中的人物。松树树干用椭圆形的圈简单勾画，然后通过染法使树干中间比较亮，有立体感。树干上缠绕着盘曲的藤，蜿蜒向上。阔叶树的树叶大多用夹叶法画成，也就是先勾轮廓，再填色。

图中树木山石虽然很多，但是打开画卷，观众很容易就把眼光聚集到伯夷、叔齐身上，原因是李唐使用亮调表现二人的服装和面目。在这幅画中，人物是表现的主体，山水、树木都是陪衬，都是背景，这一点，李唐处理得很好。

值得一提的是，山水画中的点景人物往往不太工细，大多是简笔，但是需要有神采。夏圭山水画中的点景人物处理很好，往往寥寥数笔，人物的神态已经表现出来。对于山水画来说，人物不需画得十分细致，就足以表现隐逸生活、山野趣味。画家与赏画人形成了集体共识，所以人物越来越简单。

《采薇图》这幅画沿袭了传统“树下人物画”模式，即圣贤、高士等大多站在或坐在树下。这种模式在汉代画像石上已经出现，比如沂南画像石中的仓颉像。当时的人物与背景的结合相对较为生硬。魏晋时期的《竹林七贤与荣启期》砖画更加强化了“树下人物”这一模式。唐代墓室壁画中也出土了大量的树下人物壁画。五代时期这种模式逐渐走向成熟，五代南唐时期卫贤的《高士图》将人物与山水做了完美的结合，后来的山水画都或多或少融入了这种模式。

后世山水画中的人物也不再仅仅限于高士，普通人物也开始进入其中。而且人物在山水画中的体量逐渐变小，后来

图 2–18 五代南唐 卫贤《高士图》，故宫博物院藏

逐渐成为一种独特的景观“点景人物”。但为了说明图中人物的具体身份，也有把人物画大的时候。山水画，相对人物画，是后来才独立出来的品种。早先作品大多属于人物画，人物是比较大的，比如顾恺之《洛神赋图》中的洛神、曹植等都是大的，但是山都是小的，所谓“人大于山”。随着中国山水画的发展，人物变得越来越小。这倒是符合人在自然中的状态，在自然山水中人是渺小的。

李唐描绘伯夷、叔齐守节的故事，是在抨击那些降金之臣。所以这幅画在当时是有政治意义的，属于主题性绘画。此图有一个藏款，在叔齐身后大树树干弯曲处下面的石头上：“河阳李唐画伯夷、叔齐。”他还画过《晋文公复国图》。当时，金朝灭了北宋，李唐意在提醒高宗效法晋文公恢复大宋天下。

（八）减笔画的发端

艺术在一定程度上是删繁就简，毕加索在画画时就是做减法，最后只剩线条了。简洁不等于简单，而是超越繁华后的平淡，这对于创作者来讲是有难度的。国画中的大写意属于

"减笔画"，往往寥寥数笔就能把人物刻画得神灵活现。

绘画中的"减笔法"，是和"细笔法"相对应的一个概念。"细笔法"主要是指工笔画，刻画较为细致，要求笔笔见功力，将物体的每一个细节都要画清楚。而"减笔法"，主要是指写意画，用笔简练、概括，笔画能省就省，不求工细，以较少的笔墨呈现传神的效果，也就是"遗貌取神"。五代石恪，南宋梁楷、牧溪都是减笔画的高手。

南宋梁楷绘《太白行吟图》

梁楷祖籍山东，师法贾师古，是南宋宫廷画师，曾被赐金带，早期绘画十分工细，造型能力非同一般，比如《出山释迦图》。后来逐渐开始变得狂放、恣肆、豪放、大气、不拘细节，可以说是中国画大写意的鼻祖。

《太白行吟图》，画面没有背景，寥寥数笔就把李白的身材形态刻画出来。整体看来，头部稍微细致一些，发髻收拢的样貌跃然纸上，眼神十分逼真。李白目光平视，胡须飘飘，一幅气定神闲的模样。李白似乎正边走边思考，正应和了"行吟"的主题。在梁楷笔下，唐代大诗人李白活灵活现，一种恃

图 2–19 南宋 梁楷《太白行吟图》，日本东京国立博物馆藏

才傲物的神态被活化了。此画用笔极简，发髻和鞋子的颜色最重，其余都是淡墨，豪放的笔触中透露出洒脱，可以想见梁楷画这幅画时的状态，一定是快笔猛扫，下笔如神，透露出胸有成竹般的果断与娴熟。

三、山水画：中国人精神的桃花源

在中国画中，山水画最受推崇，代表了文人的思想。入世与归隐是文人精神的一体两面，二者在山水画中都有体现。中国山水画起源于晋代，魏晋时期的山水诗和散文是山水画出现的催化剂。唐代已有青绿山水、水墨山水和设色没骨山水三类。山水画在宋代达到高峰。

宋代山水画之所以能够达到高峰，除了源于晋、唐、五代的技法积累以外，还有一个重要的原因，就是宋朝的文人多有林泉之志，向往山野生活，山水画成了他们的精神寄托。中国人崇尚自然，敬重自然，讲究天人合一。山水是自然的重要组成部分，人们通过山水认识自然，欣赏自然之美。同时，中国古人给自然山水赋予了很多文化内涵。水是流动的，顺势而变，由高到低，洗涤万物，把污浊留给自己，把干净留给万物。山的雄伟、稳重，石头的坚硬，都让人深思。山水画中经常出现渔父、渔夫以水为生，樵夫以山为生的意象。孔子说：“仁者乐山，智者乐水。”老子说：“上善若水。水善利万物而不争……以其不争，故天下莫能与之争……天下莫柔弱于水，而攻坚强者莫之能胜。”这里面包含了中国人的哲学思想——以柔克刚，最柔弱的才是最坚强的，才是无敌的。这些关于水的认识都被后世画家融汇在山水画中。文人在欣赏山水画时，不自觉地就会想到这些名言。

我们欣赏山水画时，只有跳出画面的颜色与线条看山水，才能有高度，才能真正理会其中的人文内涵。甚至只有从哲学高度来欣赏，才能看得更加通透。山水画里面也可以看出文学、艺术、政治、历史、民俗等等。山水画中包含了中国人的世界观、人生观。中国的山水画实际上是一个浓缩的世界，是一部百科全书，是认识中国人精神世界的一个入口。不了解中国山水画，就很难全面理解中国人的精神生活，很难真正了解中国人的价值观。

山水画尤其注重对意境的营造，其思想的丰富性远超花鸟画、人物画，意味无穷。画面中往往点缀旅人、驴马、船只、水磨、楼台、渔人、樵夫、酒肆等，具有浓郁的生活气息。山水审美具有多样性，大江大河、高山巨峰、小溪小河、小岭小丘，都有其独到的美，需要慢慢去体悟。

（一）黑白中的五彩

我们在中国画评论中经常看到“笔墨”二字，那么“笔墨”究竟是什么意思呢？用笔基本就是勾线，这个好理解，关键是“墨”理解起来有点难度。“‘墨’的概念的正式出现，是在晚唐五代，伴随着山水画的兴起。由于中国诗人、画家，大多喜欢在夜色下观赏山水风景，形象的体面，显得黑沉沉一片，所以便出现了以墨的浓淡来代替五彩表现山水体面的技法。”[1]唐末五代画家荆浩认为，仅仅勾线或仅仅用墨涂出体面，都是不够的，既要用线勾出轮廓，也要用墨塑造体面，做到“有笔有墨”。由此可以看出，所谓笔，就是线条，所谓墨，就是通过墨的干湿、浓淡来表现物体的体和面。

[1] 徐建融：《宋画十讲》，浙江人民美术出版社，2021 年 8 月出版，第 14 页。

唐代张彦远提出“墨分五色”，到了北宋郭熙才真正把墨分为五色。这主要是用水法来实现，通过控制用水的多少来实现墨的浓淡干湿，喻示自然界的五彩之色。水法的发明，使得山水画开始变得滋润起来，在郭熙以前的山水画都是干枯的。这是一项重要的发明，使“水墨”的概念更加完备了。

宋代山水画很多是水墨画，很少用色，这就是水墨山水。水墨山水是一种对自然万物的高度抽象，是一种繁华过后的平淡，是一种化繁为简的提炼。用墨的浓淡表现万千世界，“运墨而五色具”，这是一种大胆的创新，是一种站在云端的俯视。

李成、关仝和范宽因此成为北宋山水画的三位巨匠，也成为后世的标杆。

北宋范宽绘《溪山行旅图》

范宽本名中正，字中立，因为为人豁达宽厚，故被称为“宽”，他也乐得以“范宽”自名，因此“范宽”广为人知，他的真名倒是很少有人提起了。他是陕西华原（今陕西铜川）人，北宋时的山水画大师，与董源、李成合称“北宋三大家”；也是中国山水画里程碑式的人物，任何研究中国山水画的人都无法绕过范宽。

《溪山行旅图》是北宋最著名的山水画之一，是巨碑式山

图 3–01 北宋 范宽《溪山行旅图》，台北故宫博物院藏

图 3-02 北宋 范宽《溪山行旅图》中的签名

水画的代表，对这一模式的形成具有奠基作用；也是公认的范宽的真迹。整幅画只有中景表现的树叶局部有淡淡的黄色，其他都是墨色点染，画面给人非常舒服的感觉。山石、树木、云烟、瀑布、驴子各得其形，巧妙而生动，表现了范宽对墨的干湿、浓淡非常高超的控制能力。

画面中迎面而来的是一座顶天立地的巨峰，气势撼人，似乎要迎面压来，让人心生畏惧，但山前的巨石又让人感到稳如泰山。近景巨石后是一片开阔地，从山中走出来的一支驴队是画面的点睛之笔，给画面带来了人间的生机与活力。驴队形成的横的线条与整幅画竖式整体格局形成一种立与破的关系，让画面更具变化，统一中更具生动性。

这是一幅巨作，整幅画画芯高 2.06 米，宽 1.03 米。日本二玄社出版过原大复制本，真是鸿篇巨制，让人在这幅画面前感到个人的渺小。这幅画的幅面在宋画中是少有的，但画面不失细致，几头驴和赶驴人细节很丰富，都很生动。中景两组低矮的山峦与远景之间是缭绕的云雾，过渡非常自然。画面远景、中景、近景的关系处理十分自然得当。

大山整体树木较少，凸显了北方大山的雄浑与苍劲。主峰直立，给人拔地而起的感觉，让人感到大自然的伟大。右侧一瀑布飞流直下，形成对画面的分割。远景大山由三部分组成，左侧山峰高度仅及中间山峰的腰部，右侧山峰明显低于主峰，体量仅仅是主峰的三分之一，更衬托出主峰的伟大，使画面主从分明。画面中大量使用短而有力的雨点皴，岩石质感强烈。

有意思的是，范宽的签名藏在赶驴人右上方的树叶中，这是 20 世纪 60 年代台北故宫博物院李霖灿发现的。

（二）皴法：让平面走向立体

魏晋以来，山水画逐渐脱离人物画作为独立画种而存在，早期山水画都是通过勾线造型，然后通过颜色平涂来描绘自然山水。但是，山石、树木的立体感、质感不强。于是人们发明了皴法，这是中国画用于表现石块、树木质感、肌理的一种方法，很独特。在皴法成熟以前主要用平涂法来表现质感与肌理，局限性很大。

皴法在唐代已经有了。陕西富平县吕村唐墓中出土的一幅六扇屏风山水壁画，是水墨山水画，虽然残破，但还是可以看出山体上用了皴法。但是比较幼稚，还不成熟。五代荆浩开始探索具体的皴法，其弟子关仝又将其发展。南唐董源发明披麻皴、米点皴。直到宋代，皴法才走向成熟。

之所以用“皴”字，是因为在天冷的时候手上的皮肤会发生皴裂，皴法就像是手上皮肤的裂纹，呈不规则状。皴法是勾线与用墨之间的衔接，是中国山水画的一种特有的表现手段。关于什么是皴法，徐建融先生的观点比较令人信服，他说：“所谓皴法，就是一些短促的墨迹笔触，既有用笔的约略顿挫，又有墨色的约略浓淡，它介于笔线和墨韵之间，把笔虚化了，又把墨实化了，似线非线，似韵非韵，非笔非墨，亦笔亦墨，用以表现山石体面中的肌理、阴阳、起伏、凹凸。”[1]皴法是山水画走向成熟的标志。

北宋皴法齐备，李唐发展了斧劈皴，郭熙发展了卷云皴，米芾发展了米点皴。南宋时期在斧劈皴的基础上又发展出马牙皴、雨淋墙头皴、刮铁皴等。从此，中国山水画开始进入一个飞跃期。

[1]徐建融：《宋画十讲》，浙江人民美术出版社，2021年8月出版，第14—15页。

（三）气势撼人的巨碑式山水画

两宋时期山水画的主要样式为巨碑式山水，这种构图模式持续了很长时间。具体表现为上部有天空，画中一座巍峨耸立的大山，近景是流水、溪岸等。代表画家有范宽、郭熙、李成等。

这种绘画实际上是散点透视，它的视点不像《清明上河图》《千里江山图》等长卷作横向平移，而是竖向移动的，视点从上到下地移动，也可以从下向上移动，就好像坐直升飞机观看一座山一样。这是中国人独创的一种观察山的方法。

北宋郭熙绘《早春图》

画面长 158.3 厘米，宽 108.1 厘米。几乎是水墨山水，仅仅有淡淡的赭石色，是巨碑式山水画的标志性作品。

郭熙是河阳温县（今河南温县）人，被称为“郭河阳”，翰林待诏，与李成、范宽、关仝齐名。原来是职业画家，后被召入宫廷，成为宫廷画师。一生经历真宗、仁宗、英宗、神宗、哲宗五个皇帝，可以说是五朝绘画元老。他的作品主要是巨碑

图 3–03 北宋 郭熙《早春图》，台北故宫博物院藏

图 3-04 北宋 郭熙《早春图》中的水纹

图 3-05 北宋 郭熙《早春图》中的蟹爪枝

式山水画，画幅巨大，气势雄伟。郭熙的画法师承李成，二人和后来的追随者被后世称为“李郭派”。《宣和画谱》说郭熙：“……于高堂素壁，放手作长松巨木、回溪断崖，岩岫巉绝，峰峦秀起，云烟变灭，晻霭之间，千态万状，论者谓熙独步一时。”

《早春图》巨松、悬崖、瀑布、云烟等因素俱全。郭熙老家温县接近太行山，所以图中描绘的山是典型的北方大山，雄浑、苍劲、巍峨，山石裸露，植被少，与南方山水的润泽形成鲜明的对比。

山水画，有山必有水；有山无水，就会给人枯干的感觉。郭熙在《林泉高致》中说“山得水而活”“水得山而媚”。《早春图》的水画法也独具风格，水面大量留白，只是近岸处有简单的水纹，但是水意盎然。几处瀑布的水纹也相对简单，没有马远、马兴祖式的细密的线条，也没有王希孟《千里江山图》中的鱼鳞状水纹。

此图中郭熙还把蟹爪枝运用得炉火纯青，“蟹爪枝”是画树的一种技法，树枝都像螃蟹腿。《早春图》中用此法描绘

图 3–06 北宋 郭熙《早春图》中的卷云皴

图 3–07 北宋 郭熙《早春图》中的披麻皴

图 3–08 北宋 郭熙《早春图》中的浓淡关系

图 3–09 北宋 郭熙《早春图》中画面人物分布

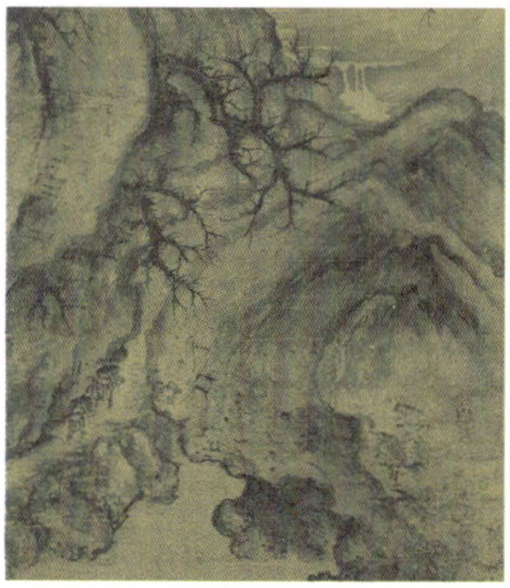

图 3–10 北宋 郭熙《早春图》中山腰上的登山人

图 3–11 北宋 郭熙《早春图》中山腰上正在过山涧上桥梁的人们

图 3-12 北宋 郭熙《早春图》中的楼阁

图 3-13 北宋 郭熙《早春图》中的渔归之人

图 3-14 北宋 郭熙《早春图》中外出采购归来，一家人喜气洋洋的画面

春天树叶尚未萌发前的树枝，将树木的虬曲、刚劲展现得淋漓尽致。

早春，尤其是北方的早春，虽然有了春意，但是春寒料峭，仍有一股寒意。冬雪已经融化，溪水开始流动，有些树木开始发芽，山脚下赶场回来的人、打渔归来的人、一些常绿的树木，都给画面带来春天万物萌动的气息，带来了生机与活力。

《早春图》中运用了卷云皴，也称“云头皴”，即线条向内弯曲，呈圆曲状，似云层。郭熙的卷云皴，像夏日里的云头一样。其实细细看来，这里也有大量的披麻皴。

郭熙对透视也有所探索，近处的巨松、山石墨色比较浓；远处的山峦、树木比较淡。这是对人双眼所见的如实描绘，符合人的视觉习惯，被后世山水画家广泛采用。山石、树木是实的，山间云烟是虚的，这样就构成了虚实的结合。画家往往也通过云烟拉开远景与中景的距离。

从整体画面看，是从上到下的散点透视。从上面看，似乎是从空中俯瞰。画面人物非常小，如果不认真看，很容易被忽略。但是，人物神气十足，简单的几笔，就把他们的形态刻画得栩栩如生，比如正在登山之人，身体前倾；左下赶场采购归来的一组人，妇人抱着孩子、主人挑着担子，大一点的孩子在边上跟着，小狗在前面跳跃着，都很生动……细细看来，画面中有着浓浓的人间的烟火气息。这也成了后世山水画的一种模式。

画面的中景展示的是楼阁建筑，似乎是登山之人的理想安歇之地。这组建筑处在山坳之中，下临溪水，也是绝佳之地。或许是寺院，或许是道观，建筑质量很高，都有斗拱，很多是歇山顶，其中两座是二层楼。整组建筑结构合理，错落有致。右边是一处茅亭，还有两个鼓墩，亭子和前方空地周围有栏杆环绕。亭子是让人休息的地方，这些设置都是为了让人的心情放松一下。整幅画面绘制十分精致，一丝不苟，每一处都能经得住推敲。

山脚渔归之人，应该是为中景楼阁中人提供鲜鱼的。一人正在撑篙，使小船靠岸，他似乎是一位年轻人。船上老者应该是他的父亲，正在整理渔网。年轻人似乎有点急不可耐，抬头仰望回家之路。

巨碑式山水画背后的文化密码

郭熙非常受神宗皇帝赏识，皇宫中大量的绘画都是他绘制的，中书省、门下省、枢密院、学士院到处都是郭熙绘制的壁画。郭熙为什么如此受神宗皇帝喜欢呢？有人分析原因是郭熙在《林泉高致》中反复强调儒家纲常的重要性，还有人分析郭熙这种巨碑式山水画中高耸突出的大山主峰象征神宗皇帝，这些分析都有一定的道理。郭熙在《林泉高致》中说道："大山堂堂，为众山之主，所以分布以次冈阜林壑，为远近大小之宗主也。其象若大君赫然当阳，而百辟奔走朝会，无偃蹇背却之势也。长松亭亭为众木之表，所以分布以次藤罗草木，为振契依附之师也。""山水先理会大山，名为主峰……以其一境主之于此，故曰主峰，如君臣上下也。林石，先理会大松，名为宗老……如君子小人也。"在这里，郭熙明确把主峰比作皇帝，把次等山峰比作臣下，就像一堂朝会一样，皇帝居中，百官居其下，主从、尊卑分明。这里虽然是比喻，但是，郭熙在绘制的时候可能确实是按照君临天下的威严形象来绘制主峰的。

郭熙在《林泉高致》中反复强调伦理纲常的重要性，他在山水画中也融入了教化的思想，这是一种文化隐喻。这些绘画对树立神宗的权威有很大的帮助，神宗当然乐意看到。这种比附不一定是郭熙所独有的，也许巨碑式山水画都有这种思维定式的存在，它可能是大家的一种集体共识。

但是，到了徽宗时期，郭熙受到了冷落，他的很多画被扯下来。有些作品甚至成了抹布。《画继》的作者邓椿，其父邓雍面对这种情况，很是心疼，就向徽宗申请把郭熙的画赐给自己，徽宗果然痛快地把郭熙的画赐给了邓雍。

艺术风潮都是一阵阵的，不在风头上的画家作品很容易被忽略。在艺术史上，不知道有多少优秀的艺术家被埋没。他们得不到尊重，作品无人珍惜，大多消失在历史的长河中。一些幸运者偶尔被后世的知己赏识，被重新提起，可能还能留存一部分作品。

关于文人为什么喜欢山水画，郭熙也给予了明确的回答，在《山水训》中他说：“君子之所以爱夫山水者，其旨安在？……烟霞仙圣，此人情所常愿而不得见也。”中国神仙文化由来已久，人们追寻神仙，但是神仙又不可见。在神仙文化的语境中，神仙是住在山中的，所以山水画实际上给人以寻仙问道的凭依。

在中国山水画中，山顶、山脚、山腰往往有楼阁，这里有仙人居住于此山中的意蕴，同时，也是喻指文人心中的向往之地。楼阁成为山水画的标配，它的文化寓意十分明显，成了一种符号。《早春图》山腰上的楼阁似乎是一个寺院，或者是一处道观。中国的寺院、道观往往选择建在大山深处，追求一种宁静，一种对尘世的超脱。当然其也是文人雅好之地，给大山增加了人文气息。尤其都市人，厌倦了车水马龙的喧嚣，对这种山野人文十分向往，可以调节一下生活趣味。这里既有山野的情景，也有人间烟火。这种意境的塑形是由宋人来完成的。

南宋李唐绘《万壑松风图》

李唐（1066—1150），字晞古，河阳三城（今河南孟州）人，徽宗时期画院画师，靖康之变后，流亡至江南。在逃难过程中，李唐被一个强盗抢劫，结果强盗发现在他的包袱里都是画具和颜料，很感兴趣，就问他是谁，他说是李唐，于是强盗马上跪倒在地，要求李唐收他为徒弟。这个人就是萧照，他后来也成了画家。萧照喜欢奇峰怪石，所画山石气势雄伟，“望之有波涛汹涌、云屯风卷之势”，后来也成为画院待诏，并被赐金带。宋高宗还曾在萧照画的扇面上题诗：“白云断处斜阳转，几面遥山献翠屏。”萧照有《山腰楼观图》《关山行旅图》等传世。

李唐在萧照护卫下，一路南行，以卖画为生。到南宋后，也没有人赏识他，他仍然以卖画为生，生活困难。他曾作诗感叹：“云里烟村雨里滩，看之容易作之难。早知不入时人眼，多买胭脂画牡丹。”后来经人推荐，李唐再次进入南宋宫廷，为画院待诏，高宗对他十分赏识，并赐金带。高宗还与他合作，创作《晋文公复国图》，上面有高宗题写的《左传》。《长夏江寺图》上有高宗题词二首，前题“长夏江寺”，后题“李唐可比李思训”[1]。宋高宗书法水平也很高，尤其是其行书，自由挥洒，风格独具。

李唐的代表作有《万壑松风图》《采薇图》《清溪渔隐图》等。李唐创造了斧劈皴，这是一种画山石的方法，每一块山石都像被斧子劈了一样，峰棱突出，质感很强。

《万壑松风图》是一幅巨幅山水画，长 187.5 厘米，高 138 厘米，绢本，设色。松树树干和部分山石用淡赭石色，部分山石用浅绿色。

据张天漫《细品名画·南宋的山水画世界》分析，《万壑松风图》原来是青绿山水，后来颜色脱落，现在通过画面放大还可以看到青绿色彩的残留，近处的水色确实有些淡绿色。但是如果整幅画都是青绿色，有些不可想象。王希孟《千里江山图》也有脱落，但是整体颜色非常鲜艳，尽管经过 900 多年的时间，也不至于变成近于黑白的水墨色。

此图有明确题款，在主峰左边一个淡色的近似宝剑的山峰上有隶书落款：“皇宋宣和甲辰春河阳李唐笔。”这在宋画中是十分少见的。

[1] 张天漫：《细品名画·南宋的山水画世界》，四川美术出版社，2019 年 10 月出版，第 11 页。

图 3-15 南宋 李唐《万壑松风图》，台北故宫博物院藏

图 3-16 南宋 李唐《万壑松风图》中的鱼鳞皴

图 3-17 南宋 李唐《万壑松风图》中的大斧劈皴

从画面看来，千山万壑、松林密布，观者似乎能够听到来自山谷里的阵阵松涛，那是大自然雄浑、低沉的歌声。品察万物、静听松风、体悟自然与人生一直是宋人的爱好。

从创作手法上看，《万壑松风图》使用了多种皴法，有马牙皴、大斧劈皴、小斧劈皴、鱼鳞皴等。作为一幅巨碑式山水画，其画面主峰巍峨，直达画顶，气势磅礴。主峰两侧各有三座尖状山峰，非常陡直，类似宝剑。中部和下部密密麻麻的石头，让人体会到密不透风的感觉。近景处是巨石和两组松树，松树根盘盘曲曲，松针密集，和背后的山色几乎融在了一起。中景是一些云雾，画中没有程式化的建筑与行人，仅仅是自然风光。整个画面，除了上部的天空，几乎是黑漆漆的一片。李唐山水画中的山石折线较多，峰棱突出，骨感较强。

再细看松林部分，也是分近景、中景、远景的。近景之松分为两组，纤毫毕现，苍老的树干，虬曲的松枝、树根，粗糙的树皮，甚至树的节疤和孔洞、松针都清清楚楚。尤其是松树冠几乎被松针全部覆盖。中景之松仅有树干和树头，树干刻画得很简单，松针已不太明显，松林分布得相对疏朗一些。远景之松仅仅是一片墨色，只画了松林的外轮廓。树干用竖直线描绘，树冠用长短不一的横平线排列而成。远景中几乎一半以上是空白，意为天空，比较开阔、舒朗。画家还在中景与远景之间点染了部分云气，使画面显得滋润一些。近景之松相对疏一些，中景、远景之松相对密一些，这种疏密变化也符合视觉规律。

令人好奇的是，《万壑松风图》中没有建筑，没有人物，这是山水画中少有的。

（四）大写意山水：狂放的挥洒

大写意山水画起源于唐代。据史料记载，唐代有一位画家叫王墨，采用泼墨法作画。但是张彦远不承认他的画，认为他的作品不是画。唐代还有一位画家张志和，喝醉了酒，把头发散开，蘸上墨，在纸上胡涂乱抹，然后再做一些改动，就完成了画作。尽管他们不被当时人承认，但是，王墨和张志和都可以算作大写意画的源头。

五代画家董源的《潇湘图》中大量使用墨点表现远山的植被，山峦也用墨点表现，不勾线，山头浑圆，已有写意风

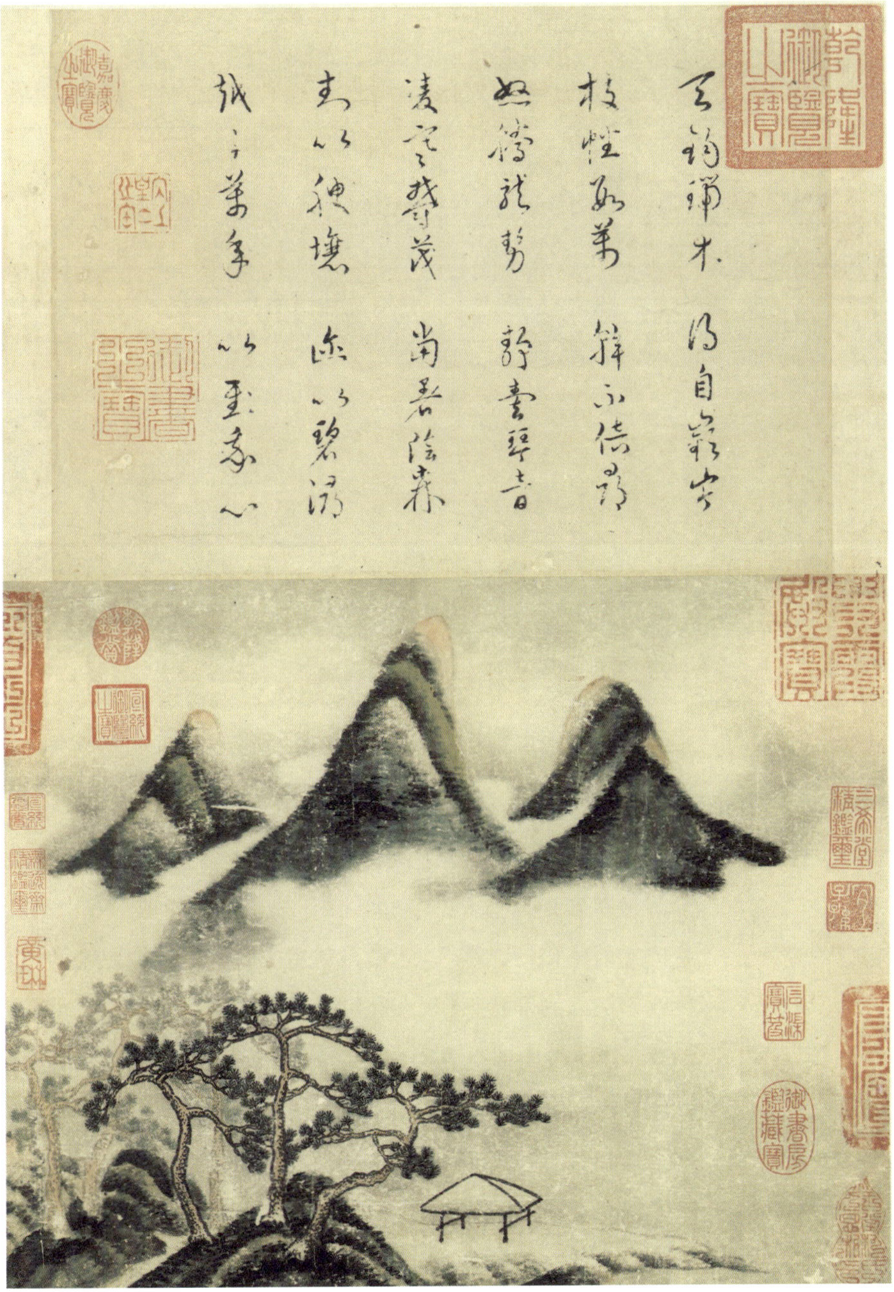

图 3-18 北宋 米芾《春山瑞松图》，台北故宫博物院藏

图 3–19 南宋 米友仁《潇湘奇观图》，故宫博物院藏

格……传统山水画用线方式多样，宋代米芾山水画很少用线，正是对北宋院体山水画的一种超越。米芾曾经游历潇湘，他的画面大多水气十足、烟云弥漫，更有利于表现南方山水的树木蓊郁和烟岚雾气。米芾喜欢用横卧的米点层层排列，以此塑造山的形状。他现在存世真品很少，台北故宫博物院存有米芾《春山瑞松图》，学界认为米芾原作没有传世，这幅可能是宋人仿作。

米芾儿子米友仁的《潇湘奇观图》基本上可以说是大写意山水，画面云雾缥缈，山势不勾线，都是大笔触涂抹块面，湿笔染就，笔墨淋漓酣畅。父子二人画的山水合称为“米氏云山”，二人善用湿笔，山体大多呈圆锥状，很少用线，以横笔

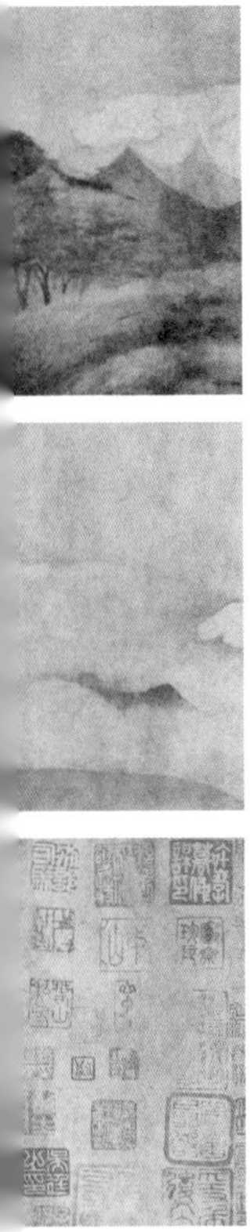

墨点为主。这是一种大胆的创新，给人一种全新的印象。另外，米氏云山中很少用色，基本上是墨色浓淡，显得淡远、超逸，摆脱了色彩的束缚。米氏云山被后世很多画家袭用，比如元代的高克恭，他的画面中大量使用米氏云山的米点皴。米氏云山对后世山水画产生了较为深远的影响。

（五）山也青绿，画也青绿

青绿山水画是中国山水画的重要品类，起源很早，可以追溯到 3 世纪就出现在新疆克孜尔石窟的基本以青绿为主调的佛教壁画。世俗的青绿山水应该是借鉴了佛教的青绿壁画，要晚很多。虽然唐代有几幅青绿山水画传世，但大多不是原件，而是宋代临本。北宋时期青绿山水画作为一个独立画种出现，《千里江山图》《江山秋色图》就是代表。

现在最早的青绿山水画是隋代展子虔的《游春图》，它也是中国第一幅传世山水画。但是，很多专家

图 3–20 北宋 王希孟《千里江山图》(局部),故宫博物院藏

认为这是一幅宋代的临本。画面部分山石的顶部使用了淡蓝色,而且有浓淡变化;树冠使用深绿色。画面为一河两岸式构图,表现的是春天人们游园踏青的场景。春天,桃花、杏花盛开,人们在湖中泛舟,在水边漫步,意境优美。不过,山上的苔点分布有些过于均匀,显得呆板。

青绿是山水的主色调,国画中的青绿是对自然山水颜色的提取和概括,当然也是一种夸张。唐代李昭道《明皇幸蜀图》、宋代王希孟《千里江山图》等青绿山水画都有对自然颜色夸张的成分。从中国古代把绘画称为"丹青"就能说明古人对青色的追求。值得注意的是,汉唐墓室壁画主色调是红与黑,很少用青绿色。

青是石青,绿是石绿。青、绿颜料大多是由矿物质研磨而成的,覆盖力很强。绿色也可以由国槐的花蕾中提取,加入由植物中提取的靛蓝,国画称为"汁绿",可溶于水,透明度高,用来绘制植物、山水都可以。

青绿山水画又分为"大青绿"和"小青绿"两种。大青绿以石青、石绿为主,用色浓重。宋代大青绿山水的代表作就是王希孟的《千里江山图》,还有赵伯驹的《江山秋色图》

《仙山楼阁图》等。小青绿多用花青、汁绿（嫩绿），颜色透明度较高，不像石绿覆盖力强，用色简淡。小青绿山水是在水墨山水基础上略施淡彩的结果。宋代小青绿山水出现了一个高潮，王诜的《烟江叠嶂图》就是代表。此外还有金碧山水画，就是在青绿山水的基础上再用金线勾一下，显得金碧辉煌，在宋代相对较少。受文人审美的影响，青绿山水因颜色过于艳丽，被视为大俗，宋代以后往往不被看中。清朝画家笪重光说："丹青竞胜，反失山水之真容。"这种观点具有代表性。水墨山水由于符合文人的审美情趣而大行其道，引领画坛，成为山水画的主流，并被官方接纳，青绿山水逐渐失去官方的支持，逐渐走向民间，成为民间绘画的一种形式。

北宋王希孟绘《千里江山图》

《千里江山图》整幅画气势宏伟，画长 11.92 米，高 0.52 米，在长卷式绘画中属于鸿篇巨制。画面中山水相间，山峦层叠起伏，逶迤连绵，水势浩渺，把高远、平远、深远运用得十分巧妙，似一支乐曲，时而低缓，时而高亢。村落、道观、栈道、水车、桥梁、船只、酒店分布其间，营造了一派盛世太平景象，俨然是人间仙境，体现了人与山水的和谐，让人百看不厌。

这幅画是献给宋徽宗的，宋徽宗好大喜功，喜欢别人为他的江山歌功颂德，这样一幅鸿篇巨制的画正好符合他的口味。但是，他转手就送给蔡京了，有点不可思议。

画面烟波浩渺，一碧万顷，各种船只往回不断，有客船、货船、双体船、捕鱼船等。在层层山峦间有山间栈道，有飞瀑流泉，有高山巨巅，有渔村散落、草屋茅舍，还有亭榭楼台，各种建筑样式齐全，其间点缀修竹长松，一派太平祥和景象。画中人物数量众多，有的在山间栈道行路，有的张网捕鱼，有的在观景，有的在赶驴，有的在居家休息，有的在打扫院落，等等。人物大多用蛤粉染成，体量都很小，多为一厘米以内，很多人物比一个大米粒还小，真是“人如麦”“人如蚁”。这应该都属于点景人物，但是各具神采，十分生动。《千里江山图》皴法多样，综合使用了披麻皴、荷叶皴、解索皴、小斧劈皴等。画面染色有的地方需要反反复复进行多次，这是工笔重彩画的习惯做法，所以有些地方颜色很厚。在一定程度上，这是一幅宋代的“主题性”绘画，展示了大宋江山的雄浑伟大，对像宋徽宗这样好大喜功的皇帝来说，是最合胃口的。

和《清明上河图》一样，《千里江山图》描绘的是市井景象。不同的是，《清明上河图》描绘的是都市和郊区风景，而《千里江山图》描绘的是纯正的山野中农村的情况，各种村舍在山间、水边随意分布。图中描绘的农村住宅院落、建筑形式多样，为研究宋代村落、院落、建筑提供了十分难得的资料。

这幅画有浓浓的道家味道，幽岩邃谷随处可见，水榭楼台点缀其间，实际上是人间仙境。怨不得中央美院邵彦教授说它是道观壁画粉本。道教崇尚自然、尊重自然，我国的道观大多选址远离尘嚣的山水绝佳之处，王屋山、武当山、青城山、终南山，无不如此。道教讲究修炼成仙，道士们需要借助大山的气场在这样的自然环境中完成自己的修炼。当然，这些地方也是文人归隐的好地方。

这幅画从山势来看，基本可以分为六组，高低起伏，就好像一支乐曲，由开头的低缓徐徐演进，逐渐进入高潮，然后又归于平淡，至画面最后又开始走高，却戛然而止，让我们看见壮美的江山景象。当代著名画家、美术理论家陈丹青先生第一次见到《千里江山图》时十分震惊，他把脸贴到玻璃柜上，

图 3–21 南宋 赵伯驹《江山秋色图》，故宫博物院藏

“看得像个傻子一样”，可见经典的画作有超越时空的魅力。

据专家分析，《千里江山图》中蓝色饱和度最高的部分使用的是青金石研磨而成的颜色。青金石来自阿富汗，价格十分昂贵。青金石伴生黄铁矿，黄铁矿呈现为金色。金碧山水在北宋时期开始出现，有观点认为金碧山水的“金”可能是指青金石，并不一定是金色。关于这一点学术界有争论。绿松石是提取石绿的主要原料，中国湖北绿松石质量很好。敦煌壁画中的青绿大多是由绿松石、青金石研磨而成的颜料画成。

关于《千里江山图》争议很多。美籍华人学者曹星原认为蔡京的题款是假的，与其他几处蔡京的签名不一致；元代和尚溥光的题跋也是假的，整幅画是明末清初大收藏家梁清标拼合的一件东西。有人认为蔡京的题跋是真的，但是蔡京题款仅仅是“希孟”，没有王姓，王姓最早是梁清标的好友宋荦说的。还有人通过画面的几处错误从而断定这幅画是假的。这幅画中确实有几处是错误的，如有些树木画得比较粗疏；但是整体来看仍然是一幅杰作，包括山石的画法、水的画法等都很精彩。

二、山水画：中国人精神的桃花源

南宋赵伯驹绘《江山秋色图》

赵伯驹是宋朝皇室后裔，他是宋太祖七世孙，擅画山水、花鸟、人物等。赵氏皇族很多人喜欢绘画，出了好几位有名的画家，除了赵伯驹以外，还有赵元俨、赵祯（仁宗）、赵令穰、赵宗汉、赵佶（徽宗）、赵伯骕等。宋朝为防止皇亲勾结高官和地方势力，严禁他们结交现任官吏，而且禁止皇亲彼此的交往。这些人虽然有很高的地位，但是行动很不自由，钟情书画是一个很好的消遣方式。

《江山秋色图》是一幅手卷，绢本，长 323.2 厘米，高 55.6 厘米。这幅图也属于青绿山水，但是罩染的次数要少于《千里江山图》，因此色彩淡了很多。这幅图在车马、人物、建筑等方面的刻画比《千里江山图》细致很多，也可以和《清明上河图》相媲美。整幅画道教气氛比较浓厚，有好几处道教建筑，等级很高。也有两处佛教建筑，是高耸的佛塔，其中一座佛塔在一座小山顶上。画中能够看得清的人物大多为道士、旅人，没有发现僧人。这种局面符合宋朝的宗教现实。

此图中层峦叠嶂，山势逶迤，层次丰富，云烟缥缈，高远、平远、深远兼具。最高的三个山脊都呈 S 形布局，稍显呆板。

图 3–22 南宋 赵伯驹《江山秋色图》中类似《游春图》的场面

高山与大河、溪水相间，山间点缀各种建筑、竹林、桥梁、花树等，移步换景，一派人间仙境景象，是理想的宜居之地，符合道教修仙的要求。

这幅画描绘的应该是北方山水，山石多用小斧劈皴，再用绿色层层罩染。山上树木不多，大多在山坳里，而且大多在北坡，因为北坡蒸发量小。松树都比较粗壮、挺拔，人物都用蛤粉点染，非常醒目。车辆、建筑、桥梁、驴马等都比较工细。其中的建筑样式非常多，有环山游廊、亭子、水榭、楼阁、殿堂、草庐、风雨桥等。

这幅图中明显可以看出隋代展子虔《游春图》的痕迹，在一处山坳里水面两边的画面布局和《游春图》特别像，包括人物和他们身后的草庐，甚至船只。

（六）寻求孤独、虚静之美

宋画看多了，你就会发现宋人大多追求一种孤寒之美，这与文人的隐逸情结是一致的。孤独和寂寞是相伴而生的，一般人害怕孤独，害怕寂寞，可是对于一个思想者，寂寞和孤独都是标配。清初画家恽寿平说："寂寞无可奈何之境，最宜入想。"举凡一些思想深刻之人，都是在孤独中苦思冥想，形成自己的思想理论。宋人追求孤独之美，大概也有这样的底层逻辑。

中国画追求荒寒之境。中国古代山水画中有种题材就是寒江独钓，正好像柳宗元在《江雪》里创造的意境："千山鸟飞绝，万径人踪灭。孤舟蓑笠翁，独钓寒江雪。"这里钓的不是鱼，钓的是江；钓的也不是雪，钓的是孤独，是寒冷。一句话：钓的是意境。寒江独钓的主题一般来讲是宋代确定下来的。"独钓或打鱼的渔夫身上寄托着孤高的精神和不被拘束的自由之喜，因而被人们反复描绘。"[1]

这种题材最早见于王维，他的《雪溪图》中整个画面都是白皑皑的雪景，文人的居所三三两两散落其间，在雪景中

[1] [日]宫崎法子著，傅彦瑶译：《中国绘画的深意》，湖南文艺出版社，2019年7月出版，第84页。

图 3-23 唐 王维《雪溪图》，台北故宫博物院藏

显得很孤寂，似乎听不到一点的声音。这幅画是表现孤寂与荒寒的最早代表作，被后世不断模仿。荒寒与孤寂的主题不断被强化，逐渐演化成为一种意境模式，成为中国山水画的一个重要精神特征。苏轼就曾经反复画寒林图，还说自己的寒林竹接近神品。

另外，唐代的张璪画过《寒林图》，项容画过《寒松漱石图》，可见在唐代山水画追求寒冷意境并不仅限于王维一人。五代的董源、荆浩、关仝、李成、巨然等人继承了唐代王维等人的做法，宋代的范宽、郭熙、马远、夏圭等人也沿袭了这一做法。

文人通过山水画追求孤独、品味孤独、享受孤独。孤独是不受他人干扰的状态，在孤独中更容易体悟自己的真性情，超脱现实的自我，实现一种高度的精神自由。

南宋马远（传）绘《松下闲吟图》

马远曾祖父马贲、祖父马兴祖、父亲马世荣、兄长马逵、儿子马麟都是画家，可以说一家五代人都是画家，而且都是画院待诏，影响很大，这样的绘画世家十分难得。他祖籍山西河中府（今山西永济），山水画师法李唐，独成一家。山水、人

图 3–24 南宋 马远（传）《松下闲吟图》，上海博物馆藏

物、花鸟都很擅长。线条干净利落，刚劲有力。马远画山石喜欢用大斧劈皴，峰棱突出，图像集中在一角，俗称“马一角”，和夏圭的“夏半边”相对应。

马远为南宋光宗、宁宗、理宗朝画院待诏。他的画深受帝后喜爱，帝后在其画上题诗、钤印、题名很常见。其代表作《松寿图》有宋宁宗赵扩行书七言诗：“道成不怕丹梯峻，髓实常欺石榻寒。不恋世间名与贵，长生自得一元丹。赐王都提举为寿。”

马远画松树的一贯风格是硬折线很多。《松下闲吟图》中古松几乎贯穿整个画面，松树上有下垂的藤萝。文士凭栏而坐，背对观众，仪态安闲，这样的设置有点出奇。松树下有一石桌，上有纸张、砚台等物，显然，文士在构思。一只仙鹤似在呼应文士，正在伸直脖子飞向他。仙鹤在中国文人画中具

图 3–25 南宋 马远《林和靖探梅图》，日本出光美术馆藏

有特殊的意义，有道教神仙的隐喻。

图中只有一位文士和一名童子，文士斜坐在豹皮墩上，倚着栏杆。画面扑面而来的是一种孤独之美、虚静之美、空灵之美。而松树自古以来就具有傲寒的品格，象征高洁，备受文人喜爱。《论语·子罕》中说："岁寒，然后知松柏之后凋也。"这是一种移情，儒家有这个传统，赋予自然万物以人的审美意味，以物喻人，将物人格化。竹子、牡丹、荷花、兰花、菊花等，均是如此。

南宋马远绘《林和靖探梅图》

林逋是北宋隐士，博通经史，品行高洁，不喜欢世俗的热闹，隐居杭州孤山；喜欢梅花和仙鹤，有"梅妻鹤子"之称。他诗词俱佳，"疏影横斜水清浅，暗香浮动月黄昏"是他的咏梅名句，广受后人称誉。他死后被宋仁宗赐号"和靖先生"。

马远这幅画的主体是孤山上的一株老梅树，树枝虬曲盘旋，几乎是横伸出去，白色梅花用蛤粉点染，十分醒目。花枝尽头有一轮月亮，似乎是刚刚出来，故画得很低，正是"月黄昏"的景象。画中有两个人物，坐着赏梅的是林逋，他的眼睛几乎平视月亮，这种视角较为少见，构图大胆。他身后有一童子，神态天真，却无意赏梅。

南宋夏圭绘《雪堂客话图》

夏圭，临安（今杭州）人，“南宋四家”之一。夏圭早年画人物，后来以画山水著称。南宋宁宗时期成为画院待诏，曾被皇帝赐金带。他画山水往往只画半边，所以又被称为“夏半边”，与马远的“马一角”相对应。夏圭画山水喜欢用斧劈皴，先用淡墨横扫，然后趁湿用浓墨皴擦，水墨浑融，笔墨苍劲雄放，点景人物虽寥寥数笔，但却活灵活现。传世作品有《雪堂客话图》《溪山清远图》等。

《雪堂客话图》以孤寒为主题。两位老朋友在大雪天临窗交谈，窗子向上支起，屋后是一片竹林。屋子左边是山坡，几株老树在山坡上生长，下面是一条通往外界的小路。湖泊上有一条小船，似乎有一渔人在打鱼。远山白雪皑皑，湖边也是一片雪茫茫的景色，寒意扑面而来。画面是寂静的，整个世界都陷入沉寂，连鸟声都没有。在这样的环境中聊天，可以是海阔天空，天南海北，任意驰骋。

图 3–26 南宋 夏圭《雪堂客话图》，故宫博物院藏

（七）中国山水画的标配

瀑布：生命的流动符号

中国山水画为什么反反复复画瀑布？瀑布已经成了山水画的标配，如果一幅山水画中没有瀑布，就好像不是一幅完整的山水画一样。五代的董源、荆浩、关仝、巨然、李成，宋代的范宽、郭熙、王诜、江参、王希孟、马远都曾在山水画中绘制瀑布。瀑布是水的一种形式，山无水不活，水给山带来生机与活力，也给山带来灵性。瀑布有其本身之美，也有文人赋予的象征之美，画家借瀑布来为观画人洗涤心尘，这个时候瀑布就成了一种符号。

李白曾吟："飞流直下三千尺，疑是银河落九天。"山中瀑布气势惊人，像白练一样，伴随着巨大的轰鸣声，气势令人震撼，让人忘记俗尘的烦恼，回归本心。瀑布近处凉气逼人，也让初到之人打一个冷战，瞬间精神为之一振，对文人的顿悟也有帮助。

山水画本来就是文人隐逸思想的表现，文人追求山野的

图 3–27 南宋 佚名《观瀑图》，故宫博物院藏

自然之趣，希望忘记俗世的喧嚣。在山中，瀑布声、鸟叫声、风声、溪流声交融在一起，形成一种自然的奏鸣曲。

从构图上来讲，瀑布由上到下呈直线形，可以为画面增加线条感。

吴冠中曾说："我国传统山水画几乎每幅中都有瀑布，瀑布奔泻，一个老人携杖或背手来观瀑……深暗的山石丛林间，白练飞来，那垂挂的或曲折奔流的白色的游动之线成了画面最活跃的命脉，也正是这黑白对照，块线对照，动静对照的造型因素吸引画家，启发画意。"[1]瀑布可谓是山水画之眼。

中国山水画虽然也追求逼真，但并不追求山水的惟妙惟肖，大多是点到为止，重在表达文人之意。这样一来，山水树木像不像就不重要了，它们都成为达意的符号。甚至在很多情况下，画家作画仅仅用黑白两色的水墨，不着颜色，这是对

[1] 吴冠中：《吴冠中集》，华夏出版社，2011 年 11月第 1 版，第 110 页。

自然五彩绚烂之色的高度抽象与概括，不具五彩，而超越五彩。唐代美术评论家张彦远说："运墨而五色具。"南朝谢赫《古画品录》中以"气韵生动"为最高审美标准。这是一种精神意义上的审美，超脱了仅仅对物象的审美。

渔夫：归隐的外在符号

中国山水画是一个充满符号的世界。渔夫在山水画中被赋予了出世隐居的含义。中国山水画的审美更多来自道家的思想，与儒家的因缘相对较浅。道家追求出世，讲究得道升仙。中国古代传说神仙住在山里，如西王母住在昆仑山。山中云雾缭绕，让人想起神仙的居所。在山中隐居，与神仙同在，虽不一定全被认同，但可能有一定的影响。姜太公在渭水边钓鱼，被周文王聘用，辅佐自己的儿子周武王得到天下。这个故事里，"钓鱼人"已经有民间隐居人才的内涵。

文人喜欢归隐，可能有道教的因缘，他们认为入仕为官为俗，出世隐居为真。相应地，山水画就有了山隐图、渔隐图等分支，如明代吴镇最爱画渔隐图。

渔夫形象最初应该来源于屈原《楚辞》中的《渔父》。

图 3–28 南宋 马远《寒江独钓图》，日本东京国立博物馆藏

东晋时期陶渊明在《桃花源记》中也记载了渔人的故事。宋代绘画中有大量的渔夫形象，比如马远的《寒江独钓图》，王希孟《千里江山图》中也画了无数的渔夫。

马远《寒江独钓图》中一老者坐在船头正在垂钓，十分专心，身体前倾，一手持竿。尽管这仅仅是一个侧面，但是可见其神态十分专注，似乎连大声呼吸都不敢，生怕惊走鱼儿。鱼竿上的线轮刻画十分细致。因为老者坐在船头，所以船尾翘起，符合实际。船篷上有一件斗笠和蓑衣，意为风雨无阻。更为高妙的是，画面中仅仅在船侧有几道水纹，其他不着一点笔墨，远山、水草、树木都省略了，但是却让人感到水面的浩渺无边。整个世界似乎都沉寂了，没有一点声音。这是一种大胆的创新，真可谓惜墨如金，当然也是计白当黑的典型。老者专心垂钓，早已忘却尘世的烦恼，实现自我的放纵，实现自身的自由。

元、明两代，渔夫的主题不断被重复、强化，渔夫成了隐居者的象征。士大夫虽在朝堂上，但却梦想归隐山林，山水画成为他们追求归隐的媒介和符号。

文人从政，当不愿与政界的污泥浊水同流合污时，就会向往渔夫的自由自在。其实，渔夫也有自己的烦恼，文人不愿意关注这些，却给渔夫赋予自由自在、洒脱、潇洒的固定化的文化寓意。无论渔夫愿意不愿意被贴上这种标签，都由不得他们。因为掌握话语权的是文人，而不是渔夫。大多数渔夫可能连字都不认识，他们怎么能够掌握话语权呢？

文人们不仅画渔夫，而且还给自己起一些关于渔夫的号，比如“钓者”“钓客”“钓翁”“烟波钓徒”等，从内心希望自己成为渔夫，历代歌咏渔夫的诗词更是车载斗量。这些都是文人渔夫情结的体现。

小人物的生机与活力

山水画需要人物来点景，有了人的活动，画面才显得有生机。这一类没有细节的人物被称为“点景人物”。点景人物大多很简单，寥寥数笔，但是却很有神采。五代董源的《潇湘图》中已经有了点景人物，虽然没有五官等细节，但是人物的身份、神态都能表现出来。点景人物需要和山水相融，而不是孤立地存在，处理不好，就会出现人物和山水互不相干的情况。人物作为山水画的一个必备符号，是为了点缀意

图 3-29 南宋 马远《秋江待渡图》，美国弗利尔美术馆藏

境，而不是具体指某个人，所以没有眉目等细节也就在情理之中了。

点景人物画法是一种发明，是对人的一种高度概括，符合人在自然山水中的状态。点景人物反映了中国人的自然观，人在大山大水里就是尘芥，是微小的，人物当然要小。

这种模式自宋代确立之后，一直被后世山水画沿袭。郭熙《早春图》中的行船归来之人，在整个画面中都是很小的。李成《晴峦萧寺图》中山脚下的餐馆前后里外的人都是如此。范宽《溪山行旅图》中的两位赶驴人也是一样。

山水画中没有人物就没有生气与活力，很多时候，我们不需要知道他们是谁，点到为止，点景而已，不需要细节。

（八）水画：化无形为有形

山水画就是山与水的组合，水变化万端、无形无状，画水历来是一个挑战。在北宋末年张择端的《清明上河图》中，水的画法已经很成熟了。张择端在此画中使用回旋的水纹表现流动的水，线条流畅，水意很足。很多人看《清明上河图》时往往被繁多的人物和街景吸引，而忽略了对水的观察，其实张择端也是一个画水高手。

李唐《江山小景图》和王希孟《千里江山图》画水的方法是一个路子，都是用两端向上翘起的短弧线互相连接来表现水波纹，这种水纹也被称为鱼鳞纹，似片片鱼鳞，平行排列，无限延伸，主要表现水面波光粼粼的景象。

南宋马远是一个画水高手。马远《水图》共分 12 幅，每幅幅面都不大，每段长 41.6 厘米，高 26.8 厘米。《水图》是画给宁宗杨皇后的。画面几乎没有什么点缀，除第一幅残损外，其他幅都很完整，描绘了水的各种形态：静流、汹涌、迂回、激荡、跳跃等。江河之水如长江之水、黄河之水，四时之水如冬天之水、秋天之水，平静之水有微波细浪，汹涌之水有大

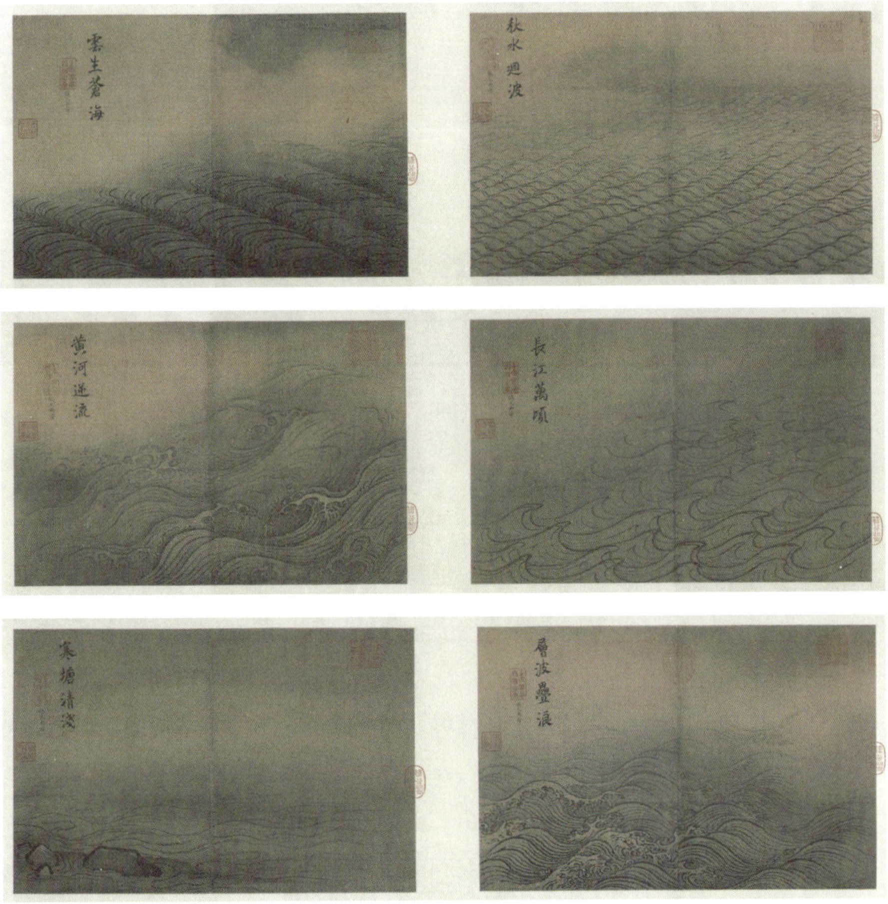

图 3–30 南宋 马远《水图》，故宫博物院藏

浪滔天，云水、光影之水……刻画都很细致传神，在画水方面达到了极致。显然，生活在南方的马远对各种水的观察细致入微，而且能用画笔将它们生动地呈现出来。马远画水的作品具体有《洞庭风细》《层波叠浪》《寒塘清浅》《长江万顷》《黄河逆流》《秋水回波》《云生沧海》《湖光潋滟》《云舒浪卷》《晓日烘山》《细浪漂漂》等。

（九）纵是琼楼亦可达

宋代山水画对道路特别重视，画中的道路都是通的，细细找来，都有来龙去脉。郭熙《早春图》属于一个案例。画面主峰高耸，巍峨挺立，气势雄伟。山石多用云头皴，沿山峦点缀树木，有些树木采用"蟹爪枝"画法，特征十分明显。中景的山坳间有一组高规格的建筑，楼阁高耸，鳞次栉比，也许是佛教寺庙，也可能是道观。山路上一组行人正在向建筑物走去，是朝拜，是临时歇脚，随你去想。细细看来，画面上道路通达，尽管也有树木、山石掩映，但画家都交代得十分清楚。

再比如传为郭熙的《秋山行旅图》，也是可游可达的典

图 3–31 北宋 郭熙《早春图》，台北故宫博物院藏

型。画面近景处是一座小桥，沿着骑驴人手指的方向，道路通向一处人家。沿着相反的方向，可以绕着山峦，直到水边一处茅亭。过了茅亭，沿着小山丘，就可到达一处小桥；过了小桥，就可以到达画面中的一组高等级建筑物。如果不走山路，沿水路也可以到达茅亭，画面中一条船正向茅亭驶来。这也是宋代山水画的模式：画面中总要有一组高级别的建筑物，大概是象征文人的理想之地。这是人在山中的一种生态，是一种真实的写照。现实中，有人烟处必定是可到达的，这也成为

宋代画家的群体共识。

李唐弟子萧照的《山腰楼观图》也是一幅可游可达的典型。循着山根码头向上，隐隐约约能看到登上的道路，时断时连，直到最后的主峰左侧的一组建筑群。这组建筑等级很高，高楼巍峙，看样子，应该是一处道教建筑。宋代山水画大多有道教意境，和当时道教的流行应该有很大的关系。

（十）听风、听泉、观瀑都是雅

宋代开创了听风图、听泉图、观瀑图的先河，这不仅成为宋代山水画的一种范式，也成为后世山水画的一种定式。对于农人、樵夫、渔人来讲，听风、听泉、观瀑那叫矫情，这些都是读书人创造的一种休闲方式，他们无法理解。这需要一种经济基础，需要一种闲情雅致，也需要一种文人集体的心理默契——一种绘画人与观画人的心理默契，方能最终成为文人的审美共识。

对于观画者来讲，画只是媒介，关键是通过画面产生联想，体悟至真至纯至美的境界。画面能够引起联想是最重要

图 3–32 北宋 郭熙《秋山行旅图》，台北故宫博物院藏

的，再大的画面都是有局限的，怎样通过有限的画面让观画者联想起无尽的内容，这是一个挑战。这个时候，画家要与观画人形成一种心理默契，就得通过一些符号来表现所追求的理想内容。画面表现的松风、泉声、瀑布已经脱离物象本身，而成为触动观画人心里敏感点的按钮，这时候，画得像不像、甚至美不美都不是重要的。画家与观画人的心理默契的达成需要较长的时间，从魏晋开始，经过隋唐五代，至宋朝才可以说基本完成。

图 3–33 宋 萧照《山腰楼观图》，台北故宫博物院藏

东晋第八位皇帝简文帝进入华林园，对周围的侍从们说："会心处不必在远，翳然林水，便自有濠濮间想也。"[1]这就是心理默契的结果。南宋画家宗炳晚年行走不便，于是就把过去所游的山水画下来挂在墙上，以观画代替游览，被称为"卧游"。这里的山水画也是符号，引领画家回想当初游览山水之景色。

魏晋时期就开始推崇松风，《世说新语·容止》中形容嵇康"肃肃如松下风"。晋代嵇康作有古琴曲《风入松》，宋代还有"风入松"词牌。松树刚劲挺拔、凌雪傲霜，被文人们赋予很多高贵品格。风本来是一种空气的流动，微风吹过松林产生的沙沙声，似天籁之音；风势大的时候，形成阵阵松涛，惊天动地，气势撼人。这些都会触动人的内心，惹人深思。山野村夫忙于生计，对于松风几乎是充耳不闻，也不会心生

[1] 刘义庆著，刘孝标注，余嘉锡笺疏，周祖谟、余淑宜、周士琦整理：《世说新语笺疏》，上海古籍出版社 1996 年版，第 120—121 页。

感慨。只有文人，生活无虞，思天想地，探索人生奥秘，探索世界万物之理。他们有一颗敏感的心，触物生情，从自然物象中感悟诗情画意。渐渐地，听风成为文人的雅好，成为一种不入俗套、洗涤尘心、象征摆脱流俗的高品位行为，和晋代以来的啸有异曲同工之妙。

为画面增加声音的维度

风声、泉声的加入实际上是给二维平面增加了声音的维度。儒家讲究礼乐化人，自然的泉声、松风之声虽不是人为，也是一种广义的“乐”。这大概就是庄子所说的天籁之音。这些声音之所以备受文人喜欢，也是因为它作为一种陶冶情操的重要方式，能使文人实现精神的升华。同时，在自然之声中陶醉，也是对人为之乐的疏离，满足文人们避世的需求。

宋人在听风、听泉、观瀑中实现人与自然的沟通，从自然中获得启发与感悟，在绘画与赏画中参透人生、参透社会。这种以物喻人的手法比较有感染力，更容易被人接受。

艺术是人与人之间情感交流的手段。[1]将万物人格化，实际上仍然是满足画家与观画人之间的沟通与交流、观画人之

[1] 邓晓芒、易中天著《黄与蓝的交响：中西美学比较论》，作家出版社，2019年1月出版，第191页。

间的沟通与交流的需要。

同时，听风、听泉、观瀑也是人与自然的和谐。人处在大自然之中，观赏自然之景，欣赏自然之声，这不是对自然的干预，而是融于自然之中。这在一定程度上也是“顺其自然”。

声音维度的加入，使得中国画对自然的反映更加全面，不仅是用眼睛观看，而且还有耳朵的加入。如果进一步向前推演，还有嗅觉的加入。看看花鸟画中的蜂蝶，其实也在传达这样的感官需求。在一些人物画、山水画中也有味道的体现，比如宋徽宗赵佶《听琴图》、南宋佚名《竹涧焚香图》、南宋赵伯骕《风檐展卷图》等很多宋画中都有香炉，这实际上是一种嗅觉的维度。这种在绘画中设置香炉作为雅生活的标志的做法从此成为一种定式而被后世画家继承。所以宋画审美的维度是多元的，值得我们细细品味。

南宋马麟（传）绘《高士观瀑图》

马麟，南宋皇家画院画家，画院祗候，著名画家马远之子，出身绘画世家，自幼受父亲熏陶，擅画山水、花鸟、人物，深得宁宗和杨皇后的赏识，宁宗、杨皇后（杨妹子，关于杨妹子身份有争议，有人认为杨妹子是杨皇后的妹妹，但她其实就是杨皇后本人，启功、徐邦达二位先生都持此说）经常在他的绘画上题诗。传世作品有《层叠冰绡图》《芳雨春霁图》《暮雪寒禽图》《暗香疏影图》《夕阳秋色图》等。杨妹子在他的《层叠冰绡图》上题诗："浑如冷蝶宿花房，拥抱檀心忆旧香。开到寒梢尤可爱，此般必是汉宫妆。"

《高士观瀑图》的画面左下角，一文士坐在大石头上，抬头仰望瀑布，对面瀑布飞流直下，几根树枝点缀其间。文士背后有一童子，拿着手杖，手杖顶部还挂着一个葫芦，应该是文士的酒葫芦。人物勾画十分简练，高度概括，但却很有神采。文人仰望瀑布，似乎正陶醉其中，进入忘我境界，尘世间的烦恼早就抛到了九霄云外。这些线条与背景中淡墨平涂、瀑布的粗线条勾勒形成鲜明对比，使得人物更加突出。瀑布下部的轮廓逐渐模糊，应该是对溅起的水雾的艺术表达。在这一点上，马麟确实十分大胆，也是一种创意表达，令人钦佩。这幅画是大道至简的典型代表，让人百看不厌，在一定程度上可以和马远《获岸泊舟图》相媲美。

图 3–34 南宋 马麟（传）《高士观瀑图》，美国大都会博物馆藏

（十一）潇湘八景：源于迁谪文人

迁谪就是被贬官。所谓迁谪山水画，就是被贬官员借山水画表达自己的郁闷等情绪。据中央美院邵彦的观点，潇湘八景图最初是作为迁谪山水画出现的。不过后来逐渐失去了迁谪的文化内蕴，而成为普通山水画的一种范式了。

潇水和湘江是湖南重要的河流，二者都注入洞庭湖。两水沿岸一带美景很多，有连绵起伏的山川，大片的沙洲、芦苇，烟云弥漫。画家通过描绘潇湘山水烟云弥漫的景色，来表达一种哀怨之情。后来“潇湘”逐渐演化成河湖密集地区的代称。有人认为这是对屈原《楚辞》潇湘文学传统的一种绘画继承。但是，在古代，潇湘也是蛮荒之地，是官员的迁谪之地，比如唐代柳宗元就曾被贬永州（潇湘二水汇合处）。

最早的潇湘八景画是北宋时期宋迪画的《潇湘八景图》，可惜早已失传。宋迪是洛阳人，字复古，擅画松树，在宋神宗时期被贬官，所以借《潇湘八景图》表达自己的不满。北宋沈括在《梦溪笔谈》中记载了宋迪画《潇湘八景图》的情况，他的“潇湘八景图”分别是《平沙雁落》《远浦归帆》《山市晴岚》《江天暮雪》《洞庭秋月》《潇湘夜雨》《烟寺晚钟》《渔村落照》。

据邓椿《画继》记载：“宋复古（宋迪）八景，皆是晚景。期间烟寺晚钟、潇湘夜雨，颇费形容。钟声故不可为，而潇湘夜矣，又复雨作，有何所见？盖复古先画而后命意，不过略具掩霭惨淡之状耳。”[1]在邓椿看来，宋迪这些画画的都是夜晚景色，寺院钟声、潇湘夜雨都很难描绘，原因可能是宋迪先画画，画完后才起的名字。赵希鹄在《洞天清禄集》中进一步指出宋迪画图没有命名，是后来人给这些画起的名字。这种

[1] 邓椿：《画继 · 王可训传》，人民美术出版社，2016年出版，第80页。

图 3–35 五代 董源《潇湘图》局部，故宫博物院藏

观点完全有可能，因为宋代很多画家不在画上题画名和人名，现在很多宋画的名称大多是后人给起的，比如《清明上河图》《千里江山图》《溪山行旅图》等。

五代董源绘有《潇湘图》，画面中大量使用墨点描绘远山轮廓和山上植被，山水之间有渔舟、人物，刻画细致入微，成为南派山水的代表。舟中伞下坐着一红衣官员，面朝岸边几个送行的人。在五代至宋代，只有五品以上官员才能穿红衣，可见这是一位高官。送行的五个人都戴有幞头，是官员的样子。右下角沙洲最右边还有三位妇女，两位穿红衣，一位穿白衣，可见妇女也会参与送行。远处随意点缀七条渔舟。值得注意的是，董源的《潇湘图》是单幅作品，不是八景图。

南宋牧溪也曾画过《潇湘八景图》，其中《平沙落雁》画面着墨非常简单，大片留白，仅仅用淡墨染出远山的轮廓。几行大雁正在降落，地面上有四只正在觅食的大雁。整个画面可谓大道至简。

牧溪《潇湘八景图·远浦归帆》在左半部集中了大部分物象。近景是在风雨中飘摇的树木，动态十足。中景和右侧大量留白，意为水面和烟雾，隐约之中露出两只船帆。远处隔着水面是连绵的群山，都用极淡的墨染成。

牧溪《潇湘八景图·江天暮雪》也是类似构图，主要物象集中在左侧，右下角大部分是水面和烟雾，还有皑皑雪山，近岸处有些树木。整幅画用线很少，大多是信笔点染，但是意

图 3-36 南宋 牧溪《潇湘八景图·平沙落雁》，日本出光美术馆藏

图 3-37 南宋 牧溪《潇湘八景图·远浦归帆》，日本京都国立博物馆藏

味无穷，呈现出空旷、缥缈、悠远的意境。

总之，中国山水画中都蕴含文人的理想境界，山水都是美丽的，是文人精神的桃花源。

四、花鸟画：一瓣一羽里的乾坤

（一）聚光灯下的审美

所谓“聚光灯下的审美”是指宋代审美的微观化，这样的审美就像是舞台上的聚光灯，聚焦于审美对象，让大家看得一清二楚，摆脱了周围景色的干扰。同时，它也类似于拿着放大镜寻找美，在一丝一毫中发现美。这是宋人审美的独到之处，是前世所没有的。这种审美观主要体现在花鸟画方面。

花鸟画开始是作为人物画的背景而出现的，大概是在魏晋时期开始独立出来成为一个画种，后世逐渐完善。唐代花鸟画已经有重要发展，唐代有记录的花鸟画家有二十余人。至五代，花鸟画走向成熟，诞生了以野逸与富贵为主要审美风格的两大画派，代表人物分别是徐熙、黄筌。这二人跨越五

图 4-01 五代 黄筌《写生珍禽图》，故宫博物院藏

代和北宋，把花鸟画推向了顶峰。

民间传说“黄家富贵，徐熙野逸”，意思是说，黄家父子是宫廷画家，经常画一些宫廷豢养的鸟类，比如老鹰、孔雀、仙鹤、鹁鸽等；而徐熙经常画一些野外生活的花鸟，比如汀花野竹、园蔬药苗、白鹭、野鸭等，这些多是江南野外景物，不是皇家禁苑之物。

黄筌，五代西蜀画家，北宋后进入皇家画院，其子黄居寀、黄居宝也是画家，他们都擅长花鸟画。黄筌的画线条刚劲、流畅，造型准确，别具神采，深得北宋皇家推崇。黄筌画花鸟先勾线后填彩，即运用所谓的“勾勒填彩法”，但是轮廓线非常细，而且颜色非常淡，填彩层层罩染颜色后不认真看会看不出来。这种画法至今还在采用。黄家画风在北宋影响很大，成为一种主流的花鸟画风格。现藏于北京故宫博物院的黄筌《写生珍禽图》是非常优秀的花鸟画作品，据说此图是黄筌教两个儿子画画的课徒画稿，其鸟虫刻画十分细致，表现技法高超。我们从中可以看到齐白石大师的部分草虫画法的来源。

北宋徽宗命人编写的《宣和画谱》录有黄筌 349 件、黄居寀 332 件、黄居宝 41 件作品。黄筌、徐熙的花鸟画水平达到了旷世的高峰，是空前绝后的。

北宋黄居寀绘《山鹧棘雀图》

这幅画是全景式构图，立轴，设色绢本。画面中前景石头上站着一只红嘴蓝鹊，似乎正要饮水；后面的小枣树上落着三只麻雀，还有一只麻雀正要降落；此外还有另外两只小鸟。棘树下面有几枝竹子，地面上有几片竹叶散落。红嘴蓝鹊在我国很多地方都有分布，从太行山麓到江南都有，它们叫声优美，尾巴很长，红嘴红爪。全图呈现出一派昂扬的生机与活力。这幅画虽然叫“山鹧棘雀图”，但是并没有鹧鸪，红嘴蓝鹊和鹧鸪差别很大。这大概是在传播过程中的误读吧，因为原画中并没有题名。

徐熙，金陵（今南京）人，出身江南名门望族，但是他本人无意官场，喜欢画画。徐熙曾为南唐皇室绘制花鸟画，后主李煜的集英殿就藏有他的绘画。徐熙儿子徐崇嗣、徐崇矩、徐崇勋也是大画家，其中徐崇嗣也曾经为后主绘制画幅。可见

图 4–02 北宋 黄居寀《山鹧棘雀图》，台北故宫博物院藏

徐氏家族与南唐皇家关系密切。后世的梅尧臣、王安石、郭若虚、苏轼、米芾、沈括等人都十分推崇徐熙。

徐熙的儿子徐崇嗣特别善于使用没骨法绘制花鸟画。据专家们考证，没骨法在北朝、唐代的敦煌壁画中已经出现了，当时绘制主要人物大多采用勾线后涂色的方法，而一些次要的点景人物直接用色笔涂抹，即“没骨法”。当然，也有人认为是南北朝时期的张僧繇创立了没骨法。所谓“没骨法”，是指不经过勾线，直接涂抹颜色来塑造人物的画法，也可用于绘制山水。唐代王墨就采用这种画法，但是主流的观点不予认可。“朱景玄认为‘非画之本’，张彦远认为‘不谓之画’，宋代苏轼用涂抹法画的竹石，也自认为‘有道而无艺’，米芾用涂抹法画的山水，则自称‘墨戏’。”[1]关于徐熙儿子徐崇

[1]徐建融：《宋画十讲》，浙江人民美术出版社，2021 年 11 月出版，第 22 页。

图 4-03 五代 徐熙《雪竹图》，上海博物馆藏

嗣的花鸟画使用的“没骨法”的具体内涵有争议，按照徐建融先生观点，这并不是指不勾线直接涂抹颜色。徐崇嗣画花鸟也有勾线，“没骨”仅仅是指他在涂色以前先用墨笔绘出体面，也就是塑造出画中叶子、花卉面上的阴阳向背。

不管徐崇嗣的没骨法具体含义如何，后世没骨法就是指不经过勾线、直接用笔涂抹而成的画法。南宋画家李嵩《龙骨车图》中的牛就是采用没骨法画成的，南宋画家梁楷的《泼墨仙人图》《六祖斫竹图》《六祖撕经图》等都使用这种画法。清代画家恽寿平等人使用没骨法很多，山水、花鸟、人物都有。齐白石、李苦禅等人的大写意花鸟很多采用没骨法绘制。

如果说山水画是望远镜的话，那么花鸟画就是放大镜，把小鸟的翎毛的纹饰都刻画得纤毫毕现。花鸟画一般幅面比较小，适合案头欣赏。赵昌《竹虫图》中对蜻蜓、蝴蝶、蚱蜢、金钟儿、纺织娘、甲虫的刻画都很细致生动，纤毫毕现。

著名的花鸟画家除了黄筌、徐熙以外，还有崔白、李迪、李安忠、林椿及徽宗赵佶等。宋代前期，黄筌画派垄断时间很长，自崔白开始，面貌为之一新。崔白弟弟崔悫、弟子吴元瑜都受其影响，形成崔白画风。

北宋崔白绘《双喜图》

崔白，濠梁（今安徽凤阳）人，北宋著名花鸟画家，特别注重写生，擅画佛道人物、山水、鬼怪等，尤其擅长画花鸟画。他画的鹅、蝉、雀被称为“三绝”。崔白突破了黄筌一派的院体画风，自成一家。据记载，他曾参与过大相国寺壁画的绘制，后来被招入皇家画院，很受宋神宗赏识。存世作品有《双喜图》《寒雀图》《芦雁图》《竹鸥图》《枇杷孔雀》等。

《双喜图》是传世精品，画面描绘两只喜鹊和一只野兔之间的冲突。兔子身上的毛发属于丝毛画法，十分精细。这种画法需要用极细的狼毫笔画出根根针毛和绒毛。图中兔子身上的毛发的走向完全符合自然状态。尤其是针毛的绘制，需

图 4–04 北宋 崔白《双喜图》，台北故宫博物院藏

要很强的笔力，才能体现出针毛的那种柔韧中透出来的刚劲。兔子耳朵上的绒毛与背部的毛发形成鲜明的对比，毛发较短，又很密实，那种毛茸茸的感觉扑面而来。

深秋时节，在一个土坡上长着一棵小树、一株竹子，小树上只有几片将要干枯的叶子。但是，竹子的绿色叶子却与之形成鲜明的对比。兔子蹲坐在地面低洼处，两只前腿一腿抬起，一腿着地，正在回头望着喜鹊，兔子的眼神看起来并不紧张，而两只喜鹊却十分夸张，一只张开双翅，似乎要袭击兔子；另一只站在树枝上，身体前倾，张开嘴朝兔子大声地叫着，似乎马上要俯冲下来袭击兔子。从兔子的眼神中可以看出它的无辜和茫然，它似乎在说："我没有惹你们啊！"画面情节冲突性很强，兔子的相对安静与喜鹊的高度紧张形成鲜明的对比。画面中枯枝和杂草都在风中摇曳，看样子风力很大，更加强了画面的紧张气氛。这样生动的画面，一定来自他的大量现实观察和写生，是那些仅仅待在宫廷里的院体画家无法画出来的。

据美国哥伦比亚大学艺术学博士姜斐德的研究，崔白这幅画是在描绘一桩宋仁宗时福康公主与驸马李玮的公案。画面中的矛盾实际上是公主与驸马关系的反映，兔子象征李玮，而两只喜鹊分别代表公主和梁怀吉。根据历史记载，宋仁宗知道自己的生母不是刘太后而是李宸妃以后，为了报答母亲李氏一家，就将福康公主嫁给自己舅舅李用的儿子，也就是自己的表弟李玮。但是，婚后福康公主与李玮感情不和，公主嫌李玮丑陋、粗俗，却和太监梁怀吉感情很好。

根据画史记载，李玮是一位画家，擅长画水墨蒹葭、湖石。既然是画家，粗俗估计谈不上，恐怕主要是和公主感情不和。有一次，福康公主与梁怀吉正在饮酒，被婆婆杨氏发现，一怒之下打了婆婆，然后负气夜闯皇宫，向仁宗哭诉。因为夜闯宫禁违反制度，公主还被司马光弹劾，受到惩罚。仁宗将梁怀吉发配外地，但是福康公主要死要活，仁宗没有办法，只好允许李玮与公主离婚，而且又把梁怀吉调回。姜斐德的说法因为具有故事性，所以在网上传播很广。但是这种观点仅仅是推测，得不到文献的佐证，只可一听。

此画有一隐藏的题款，在最右边的枯树枝上，从上到下书写："嘉祐辛丑年崔白笔。"这是符合宋代绘画习惯的。

这一时期，花鸟画坛还有一位值得注意的画家：赵昌。

北宋赵昌绘《岁朝图》

赵昌，广汉（今四川广汉）人，大约生活在宋太宗、真宗、仁宗时期，家里很富有，经常在巴山蜀水之间游历，是一个隐逸式人物。赵昌活动于崔白之前，权臣丁谓曾重金求他作画。赵昌注重观察自然，细致入微，北宋范镇有记："每晨露下时，绕栏槛谛玩，手中调彩色写之，自号'写生赵昌'。"[1]他虽然主要师承黄派花鸟画风格，但是也吸收徐熙没骨法的优点，将二者融合在一起。赵昌善于用色，设色极为传神。苏轼曾给予很高的评价："古来写生人，妙绝谁似昌。""边鸾雀写生，赵昌花传神。"据《宣和画谱》记载，赵昌到晚年的时候，非常喜欢自己的绘画，深藏不卖，即使有流出去的，也花钱买回来，所以他的画在市面上很难见到。其传世作品最著名的有《写生蛱蝶图》《岁朝图》《牡丹图》《四喜图》等。

[1] 徐建融：《宋画十讲》，浙江人民美术出版社，2021年11月出版，第64页。

《岁朝图》设色秾丽，花朵繁密，满满当当，密不透风。画面最中间是一块玲珑剔透的太湖石，在太湖石周围绘有梅花、长春花、水仙、山茶等，背景是淡蓝色铺的底子，显得雍容华贵。这种满满当当的构图和浓重的底色类似西方的水粉画，在中国画中十分罕见。

图 4-05 北宋 赵昌《岁朝图》，台北故宫博物院藏

图 4-06 北宋 赵昌《竹虫图》，东京国立博物馆藏

微画

宋代出现一种画——微画。宋真宗时开始崇尚微画，宋徽宗讲究写实，更加推崇微画。燕文贵、郭忠恕等都是著名的

微画专家。燕文贵的画："大不盈尺，舟如叶，人如麦。"燕文贵是吴兴（今浙江湖州）人，也叫燕贵，早期在开封街头卖画，被画院待诏高益发现并极力推荐，后来加入翰林图画院。他擅长界画、人物画和山水画，风格独特，独树一帜，被称为"燕家景致"。

《清明上河图》也是微画，高仅 24.8 厘米，也就是接近现在 16 开本图书的高度；但却绘制了 800 多个人物，人物大不及寸。大量的房屋、20 多条船只、车马都浓缩在狭窄的画面内。

郭忠恕绘于北宋初年的《雪霁江行图》，现藏于台北故宫博物院，也是微画，纵 74.1 厘米，横 69.2 厘米。图中船舷的雕花，船舱内的景观，竹帘的纹理，船上的杂物诸如木桶、小凳子等，以及一些瓶瓶罐罐，都纤毫毕现。

绘画向微观化发展不是自宋代开始的，五代西蜀画家黄筌已经开始推动了，其代表作就是《写生珍禽图》。宋代时这一趋势被发扬光大，这是宋代文人从容、淡定的一种表现。

如果没有一种慢生活的心态，审美微观化是不可能实现的。向细微处寻找美，这是观察世界的一个新的视角，也是发

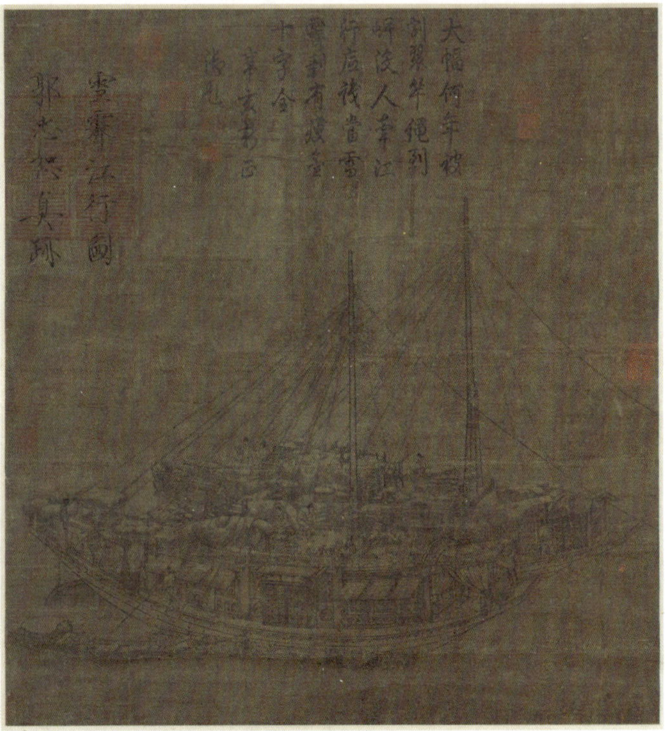

图 4–07 北宋 郭忠恕《雪霁江行图》，台北故宫博物院藏

图 4–08 五代 黄筌《写生珍禽图》（局部），故宫博物院藏

现美的新的视角。审美的微观化使得审美对象空前广阔，一些微观世界的美被发现，并被描绘下来。这无疑是一种伟大的探索。

（二）符号的漫天飞舞

早在新石器时代的鹳鱼石斧陶缸上面就已经有鹳鸟和鱼的绘画了，半坡遗址出土的人面鱼纹彩陶盆上也有鱼类图案。在新石器时代的陶器上鸟类、鱼类、树木图案很多，这些应该是较早的花鸟画了。战国人物龙凤帛画有凤鸟的图案，汉代画像石上也有很多鸟类图像。至唐代，在张彦远《历代名画记》和朱景玄《唐朝名画录》中记载有 80 多位画鸟兽画家。

中国花鸟画看得多了，就会明白，花鸟画家哪里是在画花与鸟，分明是在画一种美好的寓意。中国花鸟画几乎是一个充满符号的世界，所画内容都被赋予特殊的人文内涵，远远超出了物象本身的含义。

其实，花鸟画只是一个统称，它不仅仅包括花和鸟，还有蔬菜、瓜果、兽类、昆虫等。仅就昆虫来讲就有很多种，比如蜜蜂、蝴蝶、蚱蜢、蝉、蟋蟀、螳螂、蝈蝈等。花鸟画的题材几乎涵盖了除人物、山水以外大自然的全部。花鸟画是和人物画、山水画相对应的概念。

中国人喜欢借物喻事、借物达意。人们喜欢财富，花鸟画家就画白菜，用“白菜”的谐音喻“百财”；还有用“金鱼”谐音“金余”，比喻家有余财，而不是赤裸裸地画金银财宝。人们都喜欢吉庆，于是就用“鸡”谐音“吉”，利用“喜鹊”的“喜”字暗喻喜事临门。人们还通过其他手段赋予图像以特殊的意义，比如用牡丹象征富贵，梅、兰、竹、菊、荷花象征君子的高贵品格，仙鹤、桃子象征长寿，鸳鸯象征夫妻恩爱，葡萄、石榴寓意多子等。

做过平面设计的人都知道，用图像表达抽象概念十分困难，很难找到相应的对照物。但是，这样的表述在中国花鸟画家面前都变得易如反掌。比如“一清二白”，画家仅仅在画面中绘制一棵白菜、两个萝卜，二者的颜色一青一白，即可完美地表达一清二白的意思。有时候，画家也用白菜的绿叶和白色的菜帮寓意“清”和“白”，比如在《清白家风》中，齐白石仅仅绘制了两棵白菜。这样的表达不是齐白石先生的独创，而是中国花鸟画家们的共同表达，也是每一个读画人都能明白的寓意，是一种集体共识。

中国花鸟画鲜少画不吉利的物象，比如猫头鹰等。日本学者宫崎法子在其《中国绘画的深意》一书中说：“花鸟画自始至终没有画过野生的动植物。”这一观点可能有点绝对化，但是大多数被画的物象都是被赋予一定人文意义的事物。

这些符号成为一种集体共识，对于中国人而言，无人不知，无人不晓。人们见到国画中的白菜，自然就会联想到关于财富的美好寓意；见到荷花，就会想到“出淤泥而不染”的高贵品格。这些符号经过一代一代的重复与强化，寓意十分明确，不会产生歧义，且人尽皆知。画家画荷花，画梅兰竹菊，都是在倡导一种高贵品格，是一种社会教化，而不仅仅是一种审美活动。画画者以此自律，看画的人，在心生敬意的同时，也不知不觉加以践行。这是中国人对集体人格的一种共同追求，也是中国花鸟画重要的文化特征之一。这种文化寓意在宋代已经出现，比如荷花、梅花、兰花、竹子的寓意等，后世不断丰富，创造出一个符号的世界。

（三）墨竹：翠竹的艺术兄弟

竹子本来都是绿色，但是，中国画中的竹子很多是墨竹。这当然是和水墨画的整体系统有关，人们不仅画墨竹，也画墨荷、墨牡丹、墨菊花等，几乎用水墨表现一切题材。另一方面，墨竹主要是文人在画，文人书斋里没有专门准备颜料，他们用笔墨随意涂抹，自然有什么用什么。传说，有的人指责苏轼画的竹子是红色的，不符合现实，苏轼反问，你见过墨竹吗？在这里，竹子的形状、色彩都已经不重要了，都是符号化的产物。

竹子被称为“全德之君”，中国人崇竹尚竹的风气由来已久，什么高风亮节、宁折不弯、虚心、中通外直，“未出土时先有节，到凌云处且虚心”等，都是人们赋予竹子的美德。竹林七贤为什么是“竹林”中的七贤，而不是其他树林中的贤人？就是因为竹子代表了高洁，代表了超凡脱俗。

关于竹子的绘画，在唐代墓室壁画中已经有了，唐代很多人喜欢画竹子，萧悦、吴道子、王维都是如此。萧悦画竹喜欢用双钩法，大诗人白居易还专门写诗称赞。后世的文人几乎人人都喜欢画竹子，有的还喜欢把竹子和石头画在一起，即所谓的竹石图。

徐熙的《雪竹图》就是典型的竹石图。画面前景是几块大的怪石，怪石左侧是一根枯木，三竿竹子从石头后面挺拔

图 4–09 五代南唐 徐熙《雪竹图》，上海博物馆藏

而起，完全是一种自然状态。中间有一株细细的竹子斜向生长。在这幅画中，徐熙竟然还画了几竿被折断的竹子，在石头和大竹子之间，还有一些细细的小竹点缀其间，显得生机盎然。整幅画没有色彩，在每一竹节的下部染一些有浓淡变化的墨，中间墨比较淡，使得竹竿的立体感很强。背景也是或浓或淡的墨色。这幅画可以说是开创了墨竹的先河。

图 4–10 南宋 马远《宋帝命题册》之一，王季迁收藏

马远的很多画中都有竹子和石头的组合。比如《宋帝命题册》系列绘画中也有竹子与山石。在很多时候，竹子成为文人绘画的标配，或多或少，都是一种标志物。

墨竹画法据说最早是有人看到竹子在窗子上留下影子，随手用墨笔加以描摹，不想却独具韵味，于是就有了墨竹画。这个故事的主人在不同版本中有变化。

苏轼、文同使墨竹画走向成熟。

文同，字与可，号笑笑居士、笑笑先生，是苏轼的表兄，擅长诗文。他和苏轼共同创立了墨竹的模式。他传世的《墨竹

图 4-11 北宋 文同《墨竹图》，台北故宫博物院藏

图》是一幅墨竹精品，描绘了一根倒垂的竹枝，取景独特，整体呈 S 形，竹叶正面用浓墨，背面用淡墨，阴阳向背效果明显，成为后世画竹的典范。

图 4–12 北宋 赵佶《五色鹦鹉图》，美国波士顿美术馆藏

（四）上天的意思表达：祥瑞图

中国古代盛行祥瑞之说，实际上是一种天人合一观念的体现。所谓祥瑞，也叫“瑞应”。古代把上天人格化，认为天神是至高无上的，当天神认为地上的君王统治有方、政治比较清明、国泰民安，就会降下各种祥瑞。我国汉代就十分盛行祥瑞之说，《礼记·中庸》记载：“至诚之道，可以前知。国家将兴，必有祯祥；国家将亡，必有妖孽。”汉代武梁祠中有很多祥瑞图像，比如麒麟、神鸟、神鼎、黄龙、白鱼等。汉昭帝因为出现凤凰，改年号为元凤，汉宣帝同样因出现凤凰而改元五凤。汉代还专门绘有《瑞图》，可惜失传了。按照天人感应说，皇帝要获得天命，那么上天如何传达天命呢？那就是祥瑞或

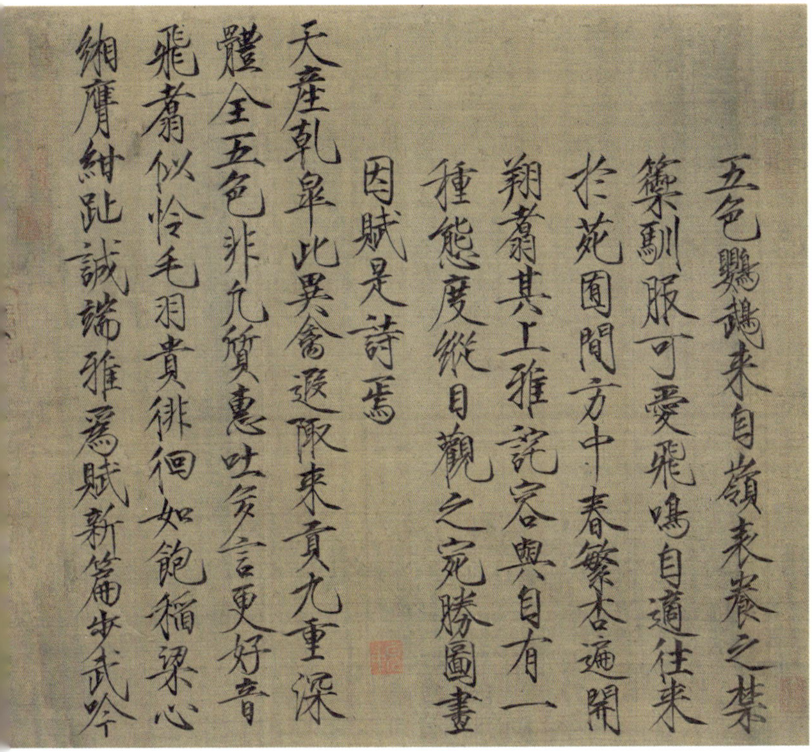

灾异。南朝梁史学家沈约编的《宋书》中专门设《符瑞志》，后世断代史书大多沿袭这一做法。

宋代也是一个讲究祥瑞的时代。按照文献记载，宋朝皇帝出生时大多有祥瑞出现，据《宋史》记载，赵匡胤出生时，红光满室，异香不断，体有金光，三日不绝。宋英宗出生前，他的父亲梦见两条龙伴随着太阳从天而降。宋真宗赵恒在位期间也有多起报告祥瑞事件，比如仙鹤在汴京上空盘旋等。这都是故事，随便听听就可以了。在宋代最喜欢祥瑞的要数宋徽宗了，他让翰林书画院的画师画了大量的祥瑞图，据说有上千册，总计有 15000 多种祥瑞。据说《祥龙石图》《瑞鹤图》《五色鹦鹉图》都是其中之一。

图 4–13 北宋 赵佶《瑞鹤图》(局部),辽宁省博物馆藏

北宋赵佶绘《瑞鹤图》

宋徽宗对花鸟画尤为擅长，生活在两宋之间的邓椿在《画继》中对他的评价如下：“笔墨天成，妙体众形，兼备六法。独于翎毛，尤为注意。多以生漆点睛，隐然豆许，高出纸素，几欲活动，众史莫能也。”意思是说，徽宗特别喜欢花鸟画，常用生漆为画中的小鸟点眼睛，活灵活现、栩栩如生，其他画家没有人能达到他的高度。

《瑞鹤图》描绘的是政和二年（1112）正月十六日元宵节次日，宋徽宗来到皇宫南大门宣德门（端门）与民同乐，此时突然飘来一朵祥云，而后是一群仙鹤，在宣德门上空盘旋飞舞、鸣叫，久久不散，京城的很多人抬头仰望。于是，徽宗就画了这幅图，并且专门在画的后面用文字记载了这件事，以及赋诗一首。据画史记载，宋徽宗特别喜欢唐代画鹤名家薛稷，画鹤技法多从薛稷而来。他的瘦金体书法也是得益于薛稷的书法。

《瑞鹤图》只画了城门楼的屋顶，上面用蓝色染就的背景作为衬托，其中有 20 只仙鹤，有两只站在鸱吻上，其他都在盘旋飞舞。众所周知，仙鹤被认为是一种祥瑞，具有丰富的文化内涵。这幅画取景仅及屋顶，屋顶以下都隐藏在祥云之中，构图确实很巧妙，给人天宫一般的感觉。加以仙鹤的衬托，确是一派祥瑞景象。

北宋赵佶绘《祥龙石图》

《祥龙石图》代表的是宋代文人的赏石文化，它的格式与《瑞鹤图》完全一致，石头右侧是图像，左侧是记事，然后是诗文。图中石头表面布满凹陷的小坑，通过不规则的墨点绘就。在石头靠近顶部的小坑内种有一株花，石头中上部分有金字“翔龙”字样。翔龙石原来是艮岳的一块太湖石，宋徽宗说这块石头像一条虬龙，呈腾跃状，是一种祥瑞，其绝妙之态难以言表，所以亲自绘制了这幅图。

（五）折枝花鸟画大放异彩

折枝花鸟画创始于唐代，中唐时期由边鸾创立。到五代时期，经过徐熙、黄筌的发展，折枝花鸟画法已接近成熟，花鸟画也开始成为一个独立画种，并与人物画、山水画形成中

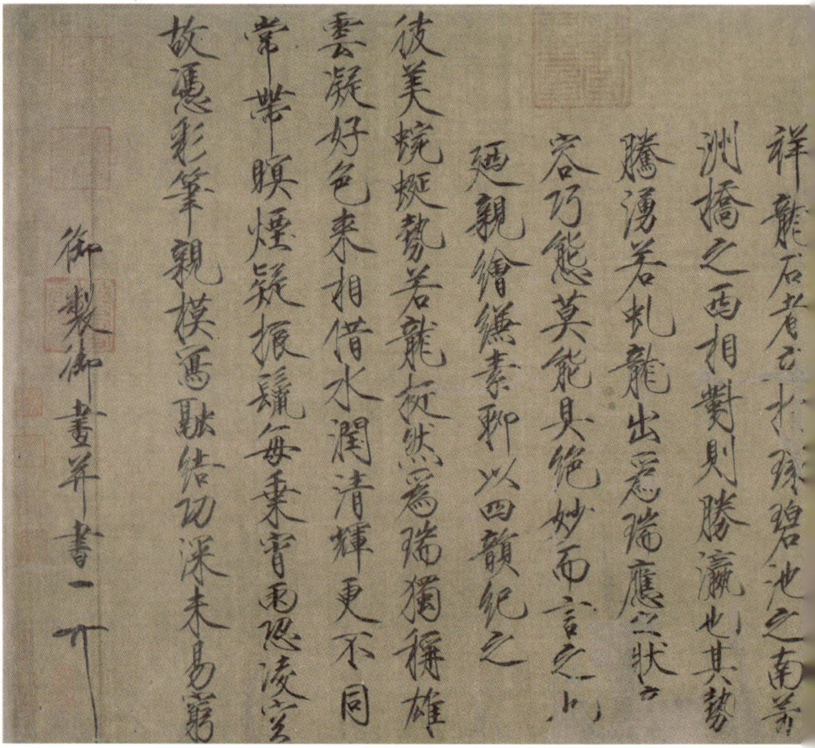

图 4-14 北宋 赵佶《祥龙石图》，故宫博物院藏

国画三足鼎立的局面。经过五代的发展，至宋代开始大放异彩。宋代折枝花鸟画大家频出，群星璀璨，黄居寀、崔白、赵昌、林椿、梁楷等人都是这方面的高手。也有很多佚名的高手，他们的个人信息淹没在历史的长河中，不得而知，但是绘画技法十分高超，留下了大量的折枝花鸟画精品。折枝花鸟画自创立以来，备受人们的喜爱。这种画把自然界中的一枝一叶、一鸟一虫进行放大，类似于照相机的定格，是瞬间的凝固，但非常生动，富有生机与活力。

注重写实是宋代画家一种普遍的做法，比如画猿名家易元吉一定要到山野间观察猿猴的状态，然后进行描摹。他“尝游荆湖间，入万守山百余里，以觇猿狖獐鹿之属，逮诸林石景物，一一心传足记，得天性野逸之姿。”[1]有些花鸟画家不满

[1]徐建融：《宋画十讲》，浙江人民美术出版社，2021 年 11 月出版，第 98 页。

足于对笼中禽鸟、草虫的写生，一定要到自然中去观察这些禽鸟草虫。比如罗大经《鹤林玉露》中记载的一个故事：“曾云巢无疑工画草虫，年迈愈精，余尝问其有所传乎，无疑曰：‘是岂有法可传哉！某自少时取草虫，笼而观之，穷昼夜不厌；又恐其神不完也，复就草地观之，于是始得其天。方其落笔之际，不知我之为草虫耶，草虫之为我也。此与造化生物之机缄盖无以异，岂有可传之法哉！’”[1]这个故事说明，曾云巢不满足于对笼中草虫的写生，专门到草地上观察它们，然后才得到它们的真实状态，以至于达到了与庄周梦蝶类似的境界，不知究竟自己是草虫，还是草虫是自己。这种忘我的精神确实可敬。这是宋画耐看的重要原因。这也正应和了欧阳修的《画眉鸟》一诗的精神：“百啭千声随意移，山花红紫树高低。

[1] 徐建融：《宋画十讲》，浙江人民美术出版社，2021 年 11 月出版，第 82 页。

图 4-15 南宋 林椿《枇杷山鸟图》，故宫博物院藏

始知锁向金笼听，不及林间自在啼。”禽鸟、草虫被关在笼子里，性情必然受到压抑，自然中的活泼可能就要打折扣，画家依照笼中禽鸟草虫的姿态绘画，必然难以传神。

南宋林椿绘《枇杷山鸟图》

林椿，浙江钱塘（今杭州）人，南宋孝宗时期皇家画院待诏，被赐金带，师法赵昌、徐崇嗣等，擅画花鸟、草虫、水果等，设色淡雅，用笔工细，传世作品有《梅竹寒禽图》《果熟来禽图》《葡萄草虫图》《枇杷山鸟图》等。林椿善于小中见大，往往撷取大自然的一个很小的局部，单独成画，大自然中的一枝一叶、一鸟一虫，都成了他细心刻画的对象。他笔下树叶、鸟的翎毛往往多次晕染，应该就是所谓的三矾九染法，画面细节十分丰富，树叶的阴阳向背都活灵活现，富有生机与活力。

《枇杷山鸟图》高度写实，树叶的正背通过染色的不同，区分非常明显。金黄色的枇杷，20 来个挤在一起，树叶稀疏，一聚一散，形成鲜明对比。小鸟神态逼真，很有动势，伸着脖

图 4–16 南宋 李猷《鹰鹘图》，美国弗利尔美术馆藏

子正要啄食枇杷。通过晕染，枇杷果实的立体感很强，很有质感，反映了林椿高超的造型艺术。林椿别具匠心，在树叶子上面还画了一些虫洞，这类似照相机对瞬间的定格。整个画面呈对角线构图，画面结构简直达到了近乎完美的程度。

在中国画中，山水画中的人物大都比较小，但是花鸟画中的鸟却是比较大的，有时整个画面仅仅是一只鸟，连背景都没有。如宋李猷的《鹰鹘图》中老鹰几乎占据画面一半的空间。

南宋梁楷绘《秋柳双鸦图》《疏柳寒鸦图》

《秋柳双鸦图》《疏柳寒鸦图》都是团扇扇面，幅面都很小，和一本 16 开图书差不多大小，绢本。

《秋柳双鸦图》纵 24.7 厘米，横 25.7 厘米，墨笔。画面中一根枯枝上长出一根嫩枝，看来像是柳树。整个画面被柳枝分为两半。柳树枝条上光秃秃的，没有叶子，画面有几分的萧索，似乎给人一种寒意，刻画的应该是深秋或冬天的景色。

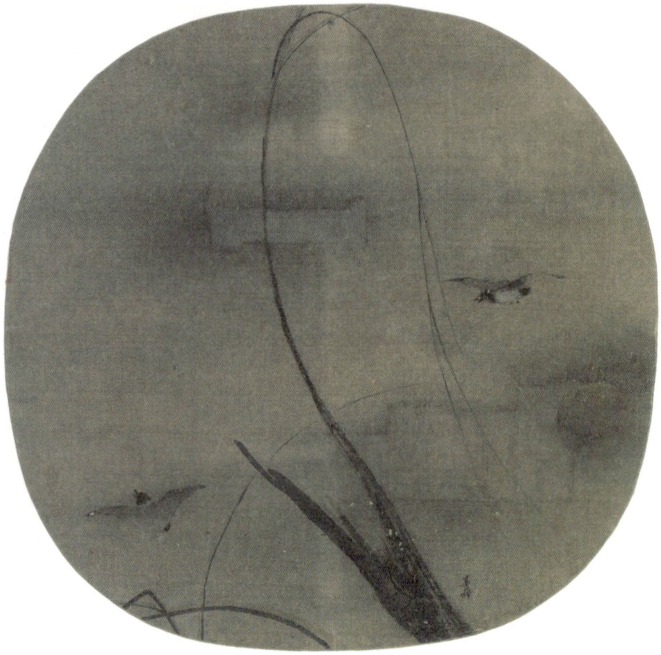

图 4-17 南宋 梁楷《秋柳双鸦图》，故宫博物院藏

图 4-18 南宋 梁楷《疏柳寒鸦图》，故宫博物院藏

两只乌鸦都在飞，飞的方向不一致，右上的一只似乎正在飞向左下的那一只，与它会面。乌鸦羽翼、尾巴、头部都用焦墨，腹部敷白粉。这样一个满月之夜，淡淡的薄云下，两只飞鸟在奋飞，打破了月夜的寂静，似有王维“月出惊山鸟”之意。梁楷的画大多是减笔画，用笔比较简单，但是颇有韵味。

《疏柳寒鸦图》是《秋柳双鸦图》的姊妹篇，纵 26.4 厘米，横 24.2 厘米，设色。图上两只乌鸦立于枯树枝上，一只抬头仰望正在飞来的那一只，一只低头啄食。左下角还有一只正在飞翔。此幅虽然没有月亮，但也有淡淡的薄云，意境与上一幅基本一致，只不过多了两只鸟。两幅画连画面结构都高度一致，也是一根枯枝，把一个圆形空间分成两半。此幅的枯枝粗壮，给人以更加稳定的感觉。

上述两幅图都是绢本，但是墨的浓淡干湿效果呈现得很好，说明梁楷已经摸索出一套在绢上绘制写意画的技法。

南宋佚名绘《榴枝黄鸟图》

此画也属小品画，大约 25 厘米见方，绢本。黄鹂历来受人喜爱，它满身金装，一身富贵相。图中黄鹂的翎毛刻画十分

图 4–19 南宋 佚名《榴枝黄鸟图》，故宫博物院藏

细致，眼睛炯炯有神，口衔一虫，有几分得意。它似乎对身后的石榴不感兴趣。黄鹂使用没骨法画出，先用淡赭色、黄色染出身体的轮廓，然后用白线勾出羽毛的纹理。时间已经是深秋，石榴已经成熟变红，表皮裂开了一个大口子，露出晶莹的石榴籽，让人感到一种爆发力。石榴的树叶也很逼真，上面有不少虫洞。这是从自然中切下来的一个局部，石榴枝子仍然长在树上，但是黄鹂更加突出。台北故宫博物院也藏有一幅类似作品《桑枝黄鸟图》，构图高度类似，黄鹂嘴里也衔着一虫子，只不过是抬着头的。

宋佚名绘《疏荷沙鸟图》

这幅图与《榴枝黄鸟图》大小基本一样，大约 25 厘米见方，绢本。

深秋季节，在荷塘的一角，一只鹡鸰落在莲蓬梗上，正回头看着一只马蜂，似乎要去啄食，这一个瞬间定格了近一千年。看似不经意的表达，实则是一种刻意的安排。这是一种视

图 4–20 宋代 佚名《疏荷沙鸟图》（局部），故宫博物院藏

线引导法，通过鸟的回头动作和鸟的眼神，引导观者去注意马蜂。这种技法在顾恺之《洛神赋图》中已经开始使用了，开头一幕曹植和侍者的眼光都集中在水面上的洛神身上。《韩熙载夜宴图》中第一幕也使用了这种技法，大家的目光都集中在弹琵琶的女子身上。鹡鸰呈回头状，意味着它是突然发现马蜂，身体还没来得及转过来，这种安排更加巧妙，别具匠心。画面大片留白，没有背景衬托，整体呈对角线构图，具有张力，这是在不平衡中寻求平衡。荷梗尽管弯曲，但有一种向上的张力，莲蓬顽强上翘，形成一个 S 形的造型。下部的荷叶是一片老叶，上面布满星星点点的破洞，有几分苍老，与鹡鸰的活力形成对比。

五、文人画：心灵的恣意挥洒

文人画是中国画的独特品种，在世界文化史上也是比较少见的。不同于职业画家，文人画家不靠卖画为生，不被市场左右，所以可以不讲技法，完全根据自己的好恶来画。这是一种自我抒发，是一个文人艺术的自由王国，或者说是一个文人艺术的独立王国。文人画在宋代被称为“士人画”或“士大夫画”。据考证，苏轼在《跋汉杰画山》中第一次使用“士人画”这一说法，他说：“汉杰，真士人画也。”汉杰，就是画家宋迪的侄子宋子房，擅画墨竹等。文人画的题材多是枯木、怪石、梅竹、云山等。

根据徐建融的观点，“在晋唐时是没有这种将文人与工人两者区别开来的概念的，画画的就都是画家，不管你是工人也好，士人也好，最多分为画工和绘工。画工负责勾线条，绘工则负责上颜色。创作一幅壁画，是有分工的，但都是工人。……所以唐代基本上就只有画家的概念，没有什么工人画、士人画之分。顾恺之当然是个士人，但也没有在绘画艺术方面特别强调他的士人身份。而吴道子是个画工，但当时也没有特别笑话他是个工人。甚至吴道子地位还相当高，称为‘画圣’，在画画的人中，地位不低于顾恺之，还可能比他高，就像诗圣杜甫、画圣吴道子、书圣王羲之所表现的那样。”[1]所以，文人画的概念是宋代才有的。

苏轼认为士人画“有道无技”，工人画“有技无道”。但是苏轼并不贬低工人画，只是他个人更推崇有道有技。不过米芾认为有道有技很俗气。在苏轼看来，白纸一张是最美的图画，他有《白纸赞》一诗：“素纨不画意高哉，倘著丹青堕二来。无一物中无尽藏，有花有月有楼台。”这里面有几分佛教“空”的意蕴。

20世纪20年代初，《北京大学日刊》连载美国学者芬诺洛萨著作《中国日本美术分期史》时首先使用了“文人画”这个名称。1921年陈师曾在《绘学杂志》发表《文人画的价值》一文，在国内开始使用“文人画”的概念。

关于什么是文人画，争论很多，陈师曾曾经提出过三个标准：不是行家画，却也不是全然外行；绘画与文辞越逼越

[1]徐建融：《宋画十讲》，浙江人民美术出版社，2021年11月出版，第118—120页。

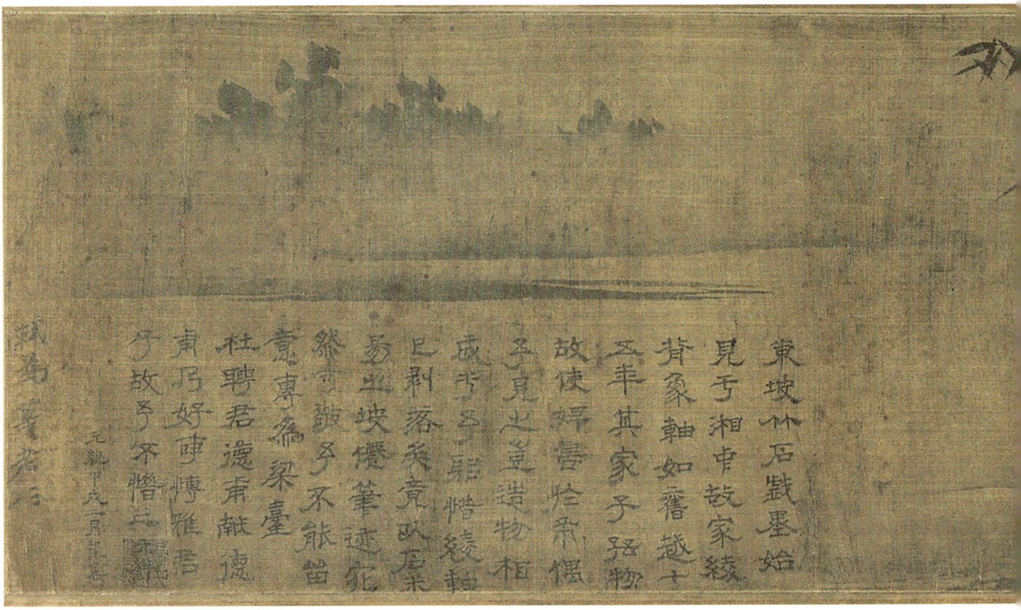

图 5-01 北宋 苏轼《潇湘竹石图》，中国美术馆藏

近、越有密切的关系；不但把意思趣味放在画里，而且把写字方法也放进去。这样看来，并不是所有文人画的画都叫文人画，那些有意趣、有书法用笔的画作才算。陈师曾还提出了文人画的四要素：第一人品，第二学问，第三才情，第四思想。这里主要是对文人画的主体——文人的要求，也就是作为一个文人画家，要具备人品、学问、才情、思想才可以画出好画来，这是一种很高的要求。以上是一种学术化的界定，文人画概念的使用在实际中要宽泛很多。

（一）自娱与修身

文人画是文人自娱自乐的一种方式，被称为“墨戏”。在读书、写字累了的时候，随意涂抹，沉浸其中，欣赏生活，只求自己快乐。文人画区别于宫廷画、匠人画（职业画），不求形似，不讲规范，但求个性抒发。文人画画完全是一种玩的心态，

而不是将其作为职业。文人没有办法和职业画家比技法，如果过于讲究技法，就会制约他们畅意地表达。突破技法的限制，就让文人进入无人之境，任意挥洒，只管尽情表达。在用色方面，文人画大多为水墨，很少用色。唐代王维是文人画的鼻祖，他的《辋川图》《江山雪霁图》就很少用色。

米芾在《画史》中说："……以山水古今相师，少有出尘格者。因信笔作之，多烟云掩映。树石不取细，意似便已。"这是真正文人性情的画作，是画心，不是画景。

宋代文人开始把绘画作为一种表现自我的手段，一种自娱自乐的工具；在此以前，绘画主要满足功能性要求，比如记录与德化教育。虽然画家在作画时也可能有一种快意，但还没有上升为一种有意识的、公开的主张。这是绘画主体（画家）的一种自觉行为，更加强调主体的主观感受；在绘画史上也是一种革命性变化，是对书画功能的拓展。欧阳修、苏轼等人都大力倡导文人画。苏轼的《枯木怪石图》是文人画的代表。中国美术馆藏有一幅苏轼的《潇湘竹石图》，构图和用笔与《枯木怪石图》相似，不过枯木没有了，却多了几枝竹子。此图原为邓拓所藏，后来捐给中国美术家协会，入藏中国美术馆，经过谢稚柳、启功、杨仁恺、刘九庵、徐邦达等专家鉴定为苏轼真迹。

（二）无法之法的挥洒

与一般职业画不同，文人画不受时空、具体物象的束缚，可以天马行空，任意驰骋，很好地达到畅神的目的。值得注意的是，文人画不讲究技法，但是也不排斥技法。

在实际的绘画中，他们几乎不讲什么技法，而是追求一种率意而为的风格。往往是逸笔草草，不求形似，但求神似。苏东坡说："论画以形似，见与儿童邻。"他的《枯木怪石图》就是文人画的最好体现。米芾《画史》说："子瞻作枯木，枝干虬屈无端，石皴硬。亦怪怪奇奇无端，如其胸中盘郁也。"米芾认为苏轼画的枯木、石头都奇奇怪怪的，大概是反映了心中的郁闷。苏轼一生一半的时间在被贬的路上或被贬之地度过，心中的郁结肯定是有的。苏轼曾经在一幅画上题诗：“空肠得酒芒角出，肝肺槎牙生竹石。森然欲作不可回，吐向君家雪色壁。”绘画成为他抒发感情的手段，不画不快。苏轼不受成法限制，敢于创新，只为达意，他说：“吾书虽不甚佳，然自出新意，不践古人，是一快也。”

苏轼半生蹉跎，屡次遭贬，但是，不论到了哪里，他都能找到乐趣，表现出豁达和通脱的精神。这些种种，都融入了他的《枯木怪石图》中。

《枯木怪石图》中没有彩色，只有墨色，枯木了无生机，似干枯的柏树枝，但是树枝有一种顽强向上的倔强。另外，大石头背后微微露出的两丛竹叶又透出勃勃生机。苏轼在诸多逆境中的乐观，不就像枯树枝的倔强和竹丛的生气吗！这幅画是对苏轼人生观的最好的图像阐释。

苏轼绘制此图时不讲究绘画技法，却融入了书法的笔意，讲究中锋用笔，他为后世的书画同源观点奠定了基础。苏轼的主张实际上是对绘画标准的改变，他不再把绘画技法作为审美标准。据记载，苏轼曾多次在墙壁上作画，喜欢画枯木怪石。据宋代《春渚纪闻》记载：“东坡先生、山谷道人、秦太虚

图 5–02 北宋 苏轼《枯木怪石图》（局部），私人收藏

七丈每为人乞书，酒酣笔倦，坡则多作枯木拳石以塞人意，山谷则书禅句，秦七丈则书鬼诗。”这里是说，苏轼、黄庭坚、秦观面对求书画者各有自己的题材，苏轼爱画枯木怪石，黄庭坚经常给人写禅语，而秦观专门给人写鬼诗。苏轼好友米芾在《画史》中说：“吾自湖南从事过黄州，初见公，酒酣，曰：‘君贴此纸壁上。’观音纸也，即起作两枝竹、一枯树、一怪石见与。后晋卿借去不还。”这里是说，米芾路过黄州，去看望苏轼，苏轼现场为他画一幅图，上面有竹枝、枯木、怪石。这幅画后来被驸马都尉王诜借去不还了。

禅宗喜欢枯木，喜欢枯木逢春的意外之境，苏轼喜欢禅宗，这二者之间可能有因果关系。这幅画是苏轼任徐州太守时在萧县圣泉寺所创作的一幅墨笔画，是画在纸上的。这一点非常重要，因为现存宋代绘画大多是画在绢上的。画的后面有米芾题写的跋语：“四十谁云是，三年不制衣。贫知世路险，老觉道心微。已是致身晚，何妨知我稀。欣逢风雅伴，岁晏未言归。”

《枯木怪石图》体现了文人画的一种审美风向，即简洁之美，计白当黑，不过于铺陈，删繁就简，直入核心。

（三）法宝是文蕴

文人画虽然不讲技法，但是特别讲究文蕴，也就是内涵。苏轼认为王维高过吴道子，原因就在于王维的文学修养深厚。吴道子虽然被称为“画圣”，但是文学修养远不如王维。苏轼说：“世之工人或能曲尽其形，而至于其理，非高人逸才不能辨。”这里的“工人”指的是画工，而“高人逸才”显然是文化底蕴深厚之人。仅仅有画技是远远不够的，文化底蕴才是最重要的，这样的人才能画出物质的理。这里的“理”大概就是所谓的内在规律吧。

文人画讲究文人本身的修养，冯骥才先生说，文人画的主体首先是文人。现在有些画家画一些四不像的画就声称是文人画。这些人平时连一本书都不读，缺乏文人的内涵与修养，自然就会在画面中体现出来，其作品如何可以称之为文人画？人在画画，画在说人，读书多少，会在画中显露出来。

此外，文人画讲究对绘画对象了然于胸，即所谓的胸有成竹，苏轼在《文与可画筼筜谷偃竹记》中说：“今画者乃节节而为之，叶叶而累之，岂复有竹乎？故画竹必先得成竹于

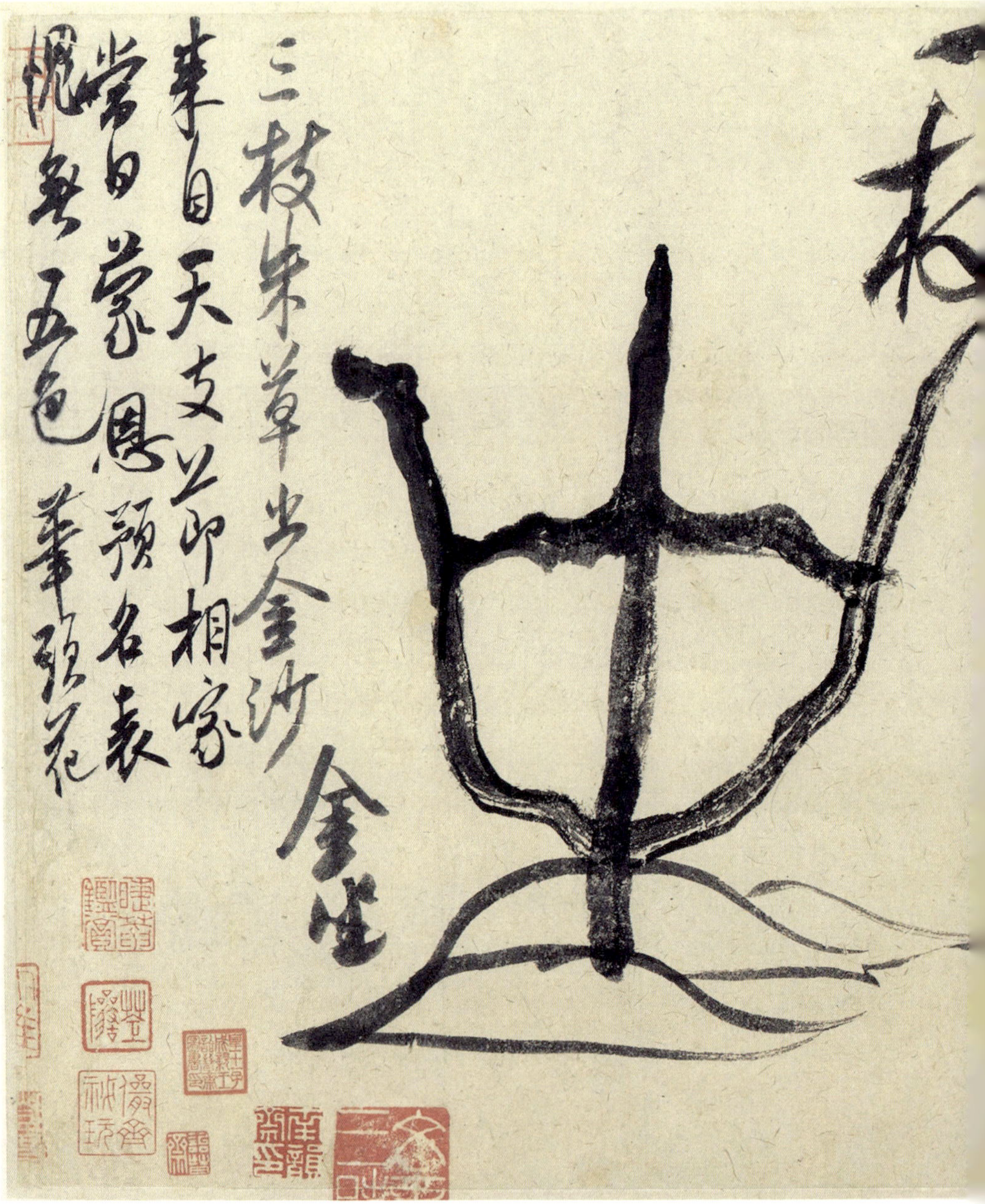

图 5-03 北宋 米芾《珊瑚帖》，故宫博物院藏

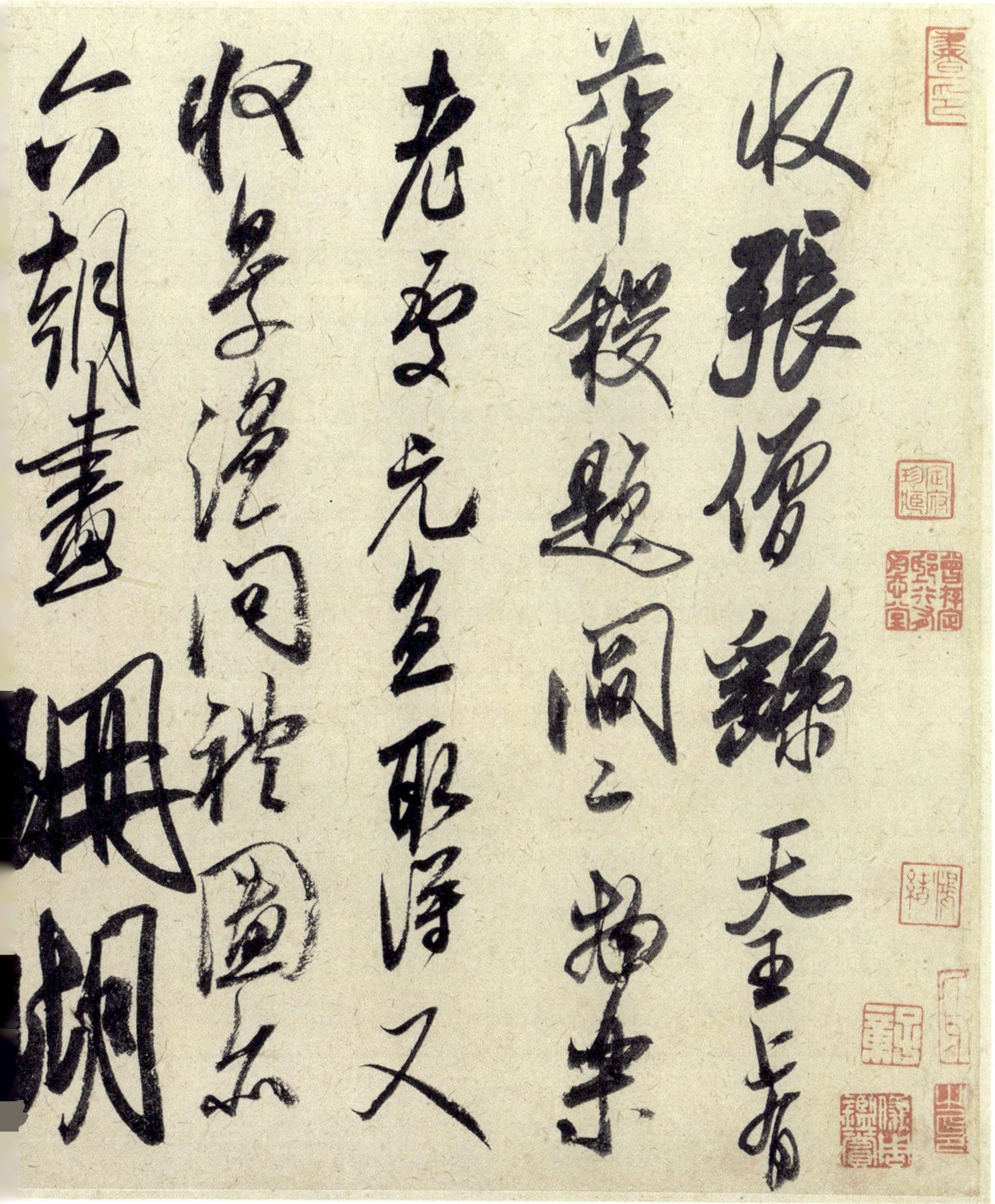

胸中，执笔熟视，乃见其所欲画者，急起从之，振笔急逐，以追其所见。如兔起鹘落，少纵则逝矣。与可之教予如此。予不能然也，而心识其所以然。”这段话的大致意思是说，现在画竹子的人，一节一节地接上去，一叶一叶地累积上去，这样的画法哪里画得出真正的竹子啊？所以，画竹应该对竹子有充分的了解，胸有成竹，然后按照自己心中的竹子样子，快速地画，就像兔子跳起的瞬间老鹰马上俯冲下来抓住它一样。稍慢一点，机会就没有了。苏轼说：“这是文同（字与可）教给我的。我做不到，但是知道怎么回事。”要想做到成竹在胸，必然要做大量的观察。黄庭坚也有类似观点，他在《题子瞻枯木》中说：“胸中元自有丘壑。”

（四）改变了中国绘画的历史走向

宋以后文人画开始主导画坛，职业画退居次要地位。北宋以前的绘画主要是追求形的准确与精致，宋以后尚意开始成为主流。元四家、明四家、青藤、八大山人无不把“意”作为首要表达的重点。“美国著名汉学家高居翰在其《中国绘画史》中阐述说：中国绘画以宋为分界，宋以前追求对客观事物的欣赏和描述，最好的画作追求‘如临其境’‘如见其人’的效果；宋以后，虽然这一传统依然绵延存在，但画家以绘画表达主观美感的意识逐渐强烈，文人画成为主流。”❶这是一种重要的转型。由职业画家主导画坛转变为文人画家主导画坛，令中国画的风貌大变，尚意成为主流，丰富了中国画的文化内涵。

❶王兆军：《中国画论：从“似”到“意”》，《人民日报海外版》2016年10月15日第11版。

六、市井画：停滞的时光

所谓市井画，就是通常讲的风俗画的一种，也就是日常生活画，其内容不再局限于神佛仙道、帝王将相，而是涵盖了普通人的日常生活，比如村医、货郎、打架、看病、拉船、逛街、簪花、饮酒、品茶等。如果往前追溯，在战国时期的青铜器上已经有生产、渔猎、作战等场景的描绘，比如故宫博物院藏的宴乐渔猎攻战纹铜壶等。汉代画像石上开始大量出现居家、出行、宴饮、渔猎等题材的内容。宋代开始将风俗画画在绢上、纸上，成为一种潮流，比如钟馗画、婴戏图、木偶戏表演、杂剧表演、傩戏表演、货郎图、街景等，蔚为大观。

风俗画是市民阶层的需要。宋朝经济高度繁荣，有大量的手工业者、商人等，他们构成了社会上的市民阶层。工商业者的兴起，使得他们成为社会财富的拥有者，用购买来影响绘画市场。画家们为迎合市民阶层的需要，必须创作他们喜欢的绘画，于是与之相应的婴戏图、货郎图等市井风俗画大行其道。

两宋以前的风俗画大多描绘皇家贵族游戏宴饮、游猎出巡、庄园生活等。“北宋时期，随着社会的安定、经济的发展、城市工商业的发达，市民阶层形成了一种不可小视的社会力量。就绘画的赞助形式来说，两宋时期已经产生了一些细微但具有根本性的变化，市民阶层当中的一些拥有经济实力的商人开始介入绘画市场，市民阶层本身的兴盛以及他们对绘画的审美需求也对绘画的大众审美趣味起了主导作用。因而，此时出现对城市平民阶层生活状况着力描绘的风俗画高潮便好理解了。而且，通过对中国绘画史的研究，两宋时期，表现庶民社会的生活和风俗习惯的风俗画已经明确地在美术史上占有了一席之地。”[1]宋代商业性绘画开始大量出现，人们用绘画装点家宅、茶馆、饭店等，过年过节用绘画来烘托喜庆气氛，等等。

在《水浒传》中，燕青去见李师师的时候，李师师房里挂着四张山水画。李师师这里是妓馆，需要用书画装点门面，营造高雅氛围。茶馆酒店为了吸引客人，也开始用书画装点

[1] 吕少卿：《大众趣味与文人审美》，天津人民美术出版社，2014年1月第一版，第79—80页。

门面。“据米芾说，他就经常在茶坊酒店里看到崔白、马贲的画，而元好问则在太原一家酒肆的阁子里发现了朱熹的手迹。”[1]这里的“阁子”就是雅间。东京汴梁大相国寺、东京御街上州桥附近等一些热闹去处都有专门的画摊，南宋临安夜市也有。

[1] 虞云国：《水浒寻宋》，上海人民出版社，2020年5月第一版，第133页。

据孟元老《东京梦华录》记载，东京的娱乐中心中瓦子里除了各种杂剧表演外，也有卖纸画者。燕文贵、赵楼台、刘宗道等人都经常卖画。北宋时期的大相国寺内有一个书画交易市场，很多人到这里卖画、买画，大画家、书法家米芾曾在这里买到据说是王维的《雪霁图》和花鸟画大家徐熙的作品。李成的孙子李宥委托大相国寺寺僧惠明高价收购其祖父的作品。《东京梦华录》还记载朱雀门外御街南端有很多卖纸画的摊铺。南宋御街上也有很多卖画人，据《图绘宝鉴》记载，宋理宗时期有个画家叫李东，经常在御街上卖自己画的《村田乐》《常酣图》，据说水平不太高，“仅可娱俗眼”，可能也是早期年画的一种形式[2]。这种绘画水平不高的画作价格低，老百姓买得起，需求量可能不小。

[2] 虞云国：《水浒寻宋》，上海人民出版社，2020年5月第一版，第73页。

社会服务机构四司六局还有专门的挂画业务，为事主家提供方便。宋朝春节时门神、钟馗画都很受欢迎。市民阶层的需求不同于过去皇家、贵族的需求，远远突破了对圣人、神佛仙道等题材绘画的需求范围，绘画作品开始变得丰富多彩，比如风俗画等。南宋时期出现了大量的市井风俗画，比如村田乐、村医、货郎、牧牛、耕织、婴戏、社戏等题材的绘画。这些风俗画真实地记载了宋朝民众的社会生活，细致入微，是一种深入社会基层的绘画，十分鲜活生动，当然也十分珍贵，大大丰富了绘画的题材。

徐建融在《宋代名画藻鉴》一书中对风俗画进行了归纳："诸如风俗、节令中的妇女、儿童、货郎、村医、卜巫、伎艺、游赏、宴集、行旅、集贸、商贩、耕织、捕鱼、演剧等人事和活动，以及花篮、折枝、犬猫、禽鸟等等。"当然还有其他划分方法，我们这里仅仅选择几种进行介绍。

（一）市井百戏：百姓的狂欢

市井百戏由来已久，汉代画像石中有大量的百戏图，包括顶盘、长袖舞、走钢索、舞剑、跳丸等，种类丰富。至宋代，市井百戏种类更加丰富多样，成为大众娱乐的主要形式，宋人把这些百戏画成了画，这样的作品很多，比较有代表性的有《杂剧打花鼓图》《歌乐图》《骷髅幻戏图》等。

南宋佚名绘《杂剧打花鼓图》

《杂剧打花鼓图》中两个女子头裹巾，正在互相揖让，都在行叉手礼。叉手礼是唐代至宋代的一种礼节。右侧女子身穿褙子，衣襟和袖口都有精致的绣花，头上簪一朵牡丹花，腰间系一布，上面有蓝色暗花。左侧女子身穿红色窄袖上衣，可能也是褙子；外披一件土黄色上衣，腰间也系有一布，身边放着一个斗笠和一条扁担。两人右侧有一个比较大的架子鼓。这二人显然在做一种剧情表演，所穿服装可能是和剧情有关。

值得注意的是，左侧女演员脚特别小，右侧女子仅仅露出脚尖，看情况也是比较小的，和身体不成比例。这是女子裹脚最早的图画见证材料。关于女子缠足起于何时，争议较大，比较多的人认为南唐后主李煜的宠妃窅娘是裹脚的始作俑者。李后主让人制作金莲花，并让窅娘用丝带裹脚，在金莲上行走，美其名曰“步步金莲”。后来其宫女争相效仿，成为风

图 6–01 南宋 佚名《杂剧打花鼓图》，故宫博物院藏

俗。再后来，由宫廷传至民间，率先在演艺界得到普及。这幅画就是一个例证，在北宋的诗文中，已经有不少对小脚的赞美之声。

裹脚是一种非常畸形的审美，是对女性的残害，女孩子四五岁就要开始裹脚，疼痛无比。民间有“小脚一双，眼泪一缸”的俗语。但是母亲却要狠心帮她们裹脚，不然就会嫁不出去。民间有“大脚美女嫁不出，小脚丑妇不愁嫁”之说。

图中右侧女子背后插一把团扇，上书“末色”二字，这是她们表演的道具。根据考古发现，汉代已经有团扇，扇面布料是用纨制作的，纨是一种很细的绢，故团扇又称为“纨扇”。南北朝时就有了在扇子上画山水画的习惯。纸折扇出现相对较晚，北宋时期由日本传至宋朝。据记载，南宋陆游的形象曾被画在扇子上，为此他很高兴。《清明上河图》中有多处出现扇子，都是团扇，没有折扇。但是，江苏武进出土的南宋朱漆戗金莲瓣式人物花卉纹奁盖上的一个画面中既有团扇，也有折扇。

南宋李嵩绘《骷髅幻戏图》

这幅画在中国画中属于怪异一类，图中绘有一个大骷髅，正在操纵一个小骷髅，是典型的提线木偶。宋代傀儡戏很发达，提线木偶、杖头木偶都有。很多人抱怨中国古人不研究人体透视与解剖，通过这幅画就可以看出宋代画家对人体结构把握其实已经十分准确。

图中大骷髅头戴幞头，身后有一年轻妇女胸部袒露，正在给孩子喂奶，很自然，没有惊慌的样子。小骷髅前一个儿童趴在地上，似乎正要去摸小骷髅，他身后的年轻女人正要阻止。正在给孩子喂奶的女人右臂下有一个大骨头，有人分析是她在操纵大骷髅。那么，如果是这样的话，奶孩子的女人就成为最终的操纵人了。这样的分析似乎不太现实，女人带着

图 6-02 南宋 李嵩《骷髅幻戏图》，故宫博物院藏

孩子，挑着担子到处表演，而且担子还十分重，可能性不大。根据研究，这种表演是一种幻术表演，只是幻戏的一种，在唐宋时期十分流行。

看样子，大骷髅和喂奶女人应该是一家子。旁边的担子上挂着雨伞、网兜，担子上有两个包袱、草席、葫芦、茶瓶等，这些都是表演幻戏的道具。背后的墩台上有“五里”二字，是古代道路上的堠，每五里设一个，相当于现在的里程碑。这些地方人们容易聚集，当然是表演的好地方。

这幅画让人惊异之处还有一点，就是女人露出乳房。我国古代绘画露出乳房的情况少之又少，再加上当时正是理学的盛期，让人难以理解。中国古代基本上没有裸体画，只有在一些地狱题材的绘画中有些丑陋的裸体；还有一些春宫画，不能公开展示。中国古人认为人体是隐私，不可暴露。

市井百戏画是对活生生的市井卖艺场景的描绘，很接地气。宋朝市井卖艺包括的种类很多，如评书、杂技、幻术、口技等，是大众娱乐的重要组成部分。市井百戏画是一种历史的进步，是对基层百姓娱乐生活的一种艺术表现。这些画不仅具有很高的艺术价值，而且具有很高的史料价值，这些市井画家就像是当时的照相机，为后世留下了十分珍贵的图像资料。

（二）田园牧歌

牧牛图成为一种范式

牛背牧笛，这是诗一般的画面，很多画家画过，无数诗人吟咏过。牛背牧笛之所以成为一种绘画范式可能有多个原因，一个是儿童比较天真，活泼可爱，符合文人回归自然的想象；另外，牛行走起来慢慢悠悠，不急不躁，也符合文人的要求。再加上牧笛的点缀，牛背牧笛就成为田园牧歌的标配，成为一种田园生活的理想符号。

宋代尤其是南宋开始出现大量的牧牛图，有些是牛背牧笛，有的是一大一小两头牛，画法多样。传为赵令穰的《冬雪

图 6-03 宋 赵令穰（传）《冬雪牧归图》，大英博物馆藏

图 6–04 南宋 佚名《溪阴浴牧图》，台北故宫博物院藏

牧归图》中牛背上的牧人竟然还用小棍挑着一只野鸡，似乎在炫耀自己的战绩。南宋佚名《溪阴浴牧图》共绘制了两位牧牛人，一位牧牛人竟然站在牛背上。应该说，宋画使牧牛题材得以大放光彩。后世元明清牧牛题材绘画更多，成为画家表现乡野乐趣的一种范式。

关于画牛，唐代已经有不少高手，比如戴嵩就是画牛名家。韩滉也是画牛大家，大名鼎鼎的《五牛图》就是韩滉绘制的。据《图绘宝鉴》等文献记载，“南宋四家”之一李唐也特别善于画牛。

南宋李唐绘《牧牛图》

此图为团扇式构图，绢本，画幅很小。画面右上角一只燕子正在飞来，这应该是初春的景象。在两株开满红花的树下，

图 6-05 南宋 李唐《牧牛图》，故宫博物院藏

一头老牛十分乖巧地低下头，让牧童通过自己的头部爬到背上。有人解读为犟牛在和牧童角力，这是讲不通的。

很多人看到牧童骑在牛背上，但是不知道小小的牧童是如何骑到牛背上的，我们在李唐这一幅画上看到了答案：牧童是通过牛头爬到牛背上的。牧童和牛长期待在一起，人牛达成默契，牧童只要拍拍牛的脑袋，牛就明白牧童要骑它了，就会低下头，把牛角偏向一方，让牧童踩着牛角爬上去；当牧童爬过牛头，到达牛脖子的位置，牛就会仰起头来，牧童就会顺势滑到牛背上。当然，也有从牛的后面踩着牛的后腿弯曲处爬上去的。还有一种方式，就是把牛牵到一个高坡下，牧童就着高坡骑到牛背上。

但是，骑牛需要技巧，牛背宽大，小孩子的腿根本夹不住，在牛背上等于无依无靠，加上牛皮会随着牛的移动而滑动，弄不好，就会滑落。时间长了，力道和平衡把握好了，才不会摔下来。据说，骑牛要骑在它的后半部，牛的前半部分脊椎骨突出，硌得人难受，后部较为平坦。李唐的《牧牛图》准确地反映了这一情况。在这幅画中，我们看到了人与牛的和谐，人们喂牛，牛为人们耕作、运输等，两者和谐共处，各取所需。

画家通过墨的浓淡来体现牛身的立体感，牛蹄用浓墨勾出。孩子身穿短衣短裤，头上梳着两个小抓髻，留给人们的是背影。小孩两手攀着牛角，一腿已经跨到牛头上，另一腿正在准备抬起。孩子几乎没有被仔细刻画，仅仅是寥寥数笔，但是却很传神。画家用线果断，刚劲有力。这一瞬间的描绘十分传神，画家一定是通过大量的观察，才绘制了这一场景。

（三）大宋男人也簪花

你也许不知道，宋朝男人也戴花。凡是举办重要活动，比如重大节日、皇帝生日、宫廷宴会等，皇帝和大臣都要戴花。苏东坡年老时，有一次戴花，被侄子看见了，侄子说：老伯也戴花吗？东坡作诗回应：“人老簪花不自羞，花应羞上老人头。”意思是说，害羞的应该是鲜花，而不是我苏东坡，活脱脱一副老顽童的心态。按照宋朝习惯，死刑犯被行刑前也要戴花，大概是让他们有尊严地死吧。

关于男人戴花，现在我们觉得很奇怪，但宋朝男人戴花很常见。徽宗皇帝就是喜欢戴花的一位皇帝，每次出游回宫都要骑马簪花，随行的人员也被赐花戴。宋代诗词中关于男人簪花的记录也不少见。

北宋时期曾流行着一个“四相簪花”的故事。北宋庆历五年（1045），韩琦任扬州太守，其后花园有一株芍药，有四枝各开一花，这种花名“金缠腰”，也叫“金带围”，花瓣上下呈红色，围着金色花蕊。韩琦欲寻三位友人前来赏花。王珪、王安石正在扬州，在大理寺任职的陈升之正好路过扬州，加上韩琦自己，共四人，于是四人赏花雅集。酒宴进行到一半，韩琦剪下四朵花，四人头上各插一朵，四个人玩得很尽兴。按照当时规矩，只有宰相才能穿红袍，腰系金腰带，故传说簪此花者后必为宰相。后来四人果然都成了大宋宰相。沈括在《梦溪笔谈·补笔谈》中记录了这件事。清代扬州八怪黄慎画过两幅四相簪花题材的画。

图 6–06 南宋 佚名《田畯醉归图》，故宫博物院藏

南宋佚名绘《田畯醉归图》

田畯是土地管理员。图中田畯骑在牛背上，可能是骑不稳，助手在一边还把他的胳膊放在自己的肩上。田畯一副醉态，醉眼朦胧，幞头上有一朵大大的牡丹花儿，非常显眼。前面一位仆人牵着牛缰绳，可能是在宴会上没有吃饱，一边走一边吃着包子。牛昂着头，两只角上挑，眼睛大而有神，步履稳健，还摇着尾巴，活脱脱韩滉《五牛图》中的牛转世。

（四）路途的风华

宋朝商品经济大发展，人员流动大幅度增加，各种行旅图、盘车图应运而生，记录了那个时代旅人的路途生活。

南宋佚名绘《征人晓发图》

此图为一团扇扇面，尺幅很小，长、宽基本上都是 25 厘米。图上山坡边有两株松树和几株杂树，树下有一座茅屋，应该是一家客店，女主人正在忙着做饭，边上的儿童也在跑前

跑后。篱笆门外放着行李箱，有一佣人在那里看管，驴在门口等候，似乎随时都要出发。桌子边坐着一个男人，趴在桌上，似乎昨夜没有睡好，还在打盹，突出了“晓发”这一主题。此幅画刻画入微，画面层次丰富，视觉效果很好，四周都是暗色，只有中间是亮色，有聚光灯一般的效果。

关于此图，有人解释为一家子人，丈夫要上前线，夫人早晨起来为丈夫做饭。也有人解释为一个普通的征夫路过一家客栈，女主人为其做饭。客人住店，大多需要自行打火做饭，所以这些客栈也被称为“打火店”。宋代取火大多用火石和艾绒，用铁器打击火石，就会有火星冒出，点燃艾绒（火绒），完成取火，所以，取火也称“打火”。“打火”也称“打伙”，这应与中古兵制有关。从北魏到唐代，军中例以“十人为火”，共灶炊饭的这十个人就互称“火伴”，此即《木兰辞》之所谓“出门看火伴，火伴皆惊忙”。[1]火伴后来逐渐泛指同伴，原意倒是逐渐消失了。

当然也有提供饮食的客店，类似现在的饭馆。在打火店，客人可以借店家柴米和蔬菜、炊具，自行做饭，这些都不计入

[1] 虞云国：《水浒寻宋》，上海人民出版社，2020年5月第一版，第171页。

图 6-07 南宋 佚名《征人晓发图》，故宫博物院藏

房价，需要单独计算。这种情况在《水浒传》等文艺作品中屡见不鲜。

南宋朱锐绘《溪山行旅图》

宋代有很多的盘车图存世。比如南宋朱锐的《雪涧盘车图》、南宋江参《盘车图》等。

所谓盘车图，就是描绘人力或畜力车辆在山间、溪中行进的图画，主要表现旅途的艰辛。南宋朱锐画过多幅盘车图，其中的车辆大多绘制精细，是研究宋代车辆的珍贵资料。

古时候，出门旅行很难，尤其是住店，安全、干净、服务好、价格适中的客栈很难遇到，即所谓“在家千日好，出门一日难”。宋朝商品交换十分发达，必然带来大量的人员流动，出门旅行也成为很多人的日常生活。官员上任，商人经商，读书人赶考，都需要外出旅行。一般官员都有驿站可住，费用由

图 6–08 南宋 朱锐《溪山行旅图》，上海博物馆藏

官府负担，不用担心。但是，商人和一般旅人只能住私人旅店。宋朝政府规定旅店应该负责客人的财货安全。这里的旅店就是宋朝所谓的邸店、客栈、村店、灯火店等。

《溪山行旅图》是绢本，画幅很小，仅有 26 厘米见方，属于小品画。南宋朱锐喜欢画盘车图。图中山水采用郭熙画法，树枝多用向上弯曲的反向蟹爪枝，山石用墨比较淡，中间用浓墨点苔，但是树木用墨较重，使山给我们的印象是一种低矮的土山，不是峰棱突出的山石。牛车采用界画法，也就是借助界尺作画。画面中并没有描绘水纹，只是通过被淹没的车轮、牛腿、赶车人的腿部来表现水，但是水意很足。图中车辆为单辕车，两牛驾辕，一牛拉长套，正在通过一条小溪。一位赶车人正在驱赶拉车的牛向前走，后面跟着一位骑驴之人，应该是押运官，他头戴风帽，一副淡定从容的样子。在路的前方有一位旅人正在爬坡，一辆牛车仅仅露出后半截和赶车人。画面中人物、牛、车辆、山石、树木融合为一体，十分协调。

如果细细审视就会发现，朱锐的《溪山行旅图》中前牛套法是错误的，这样会把牛勒死。大家如果有农村生活经验的话，就会知道牛脖上要有牛梭子，牛梭子都是由木头制成，是弯曲的，呈V字形，两端穿孔，绳索穿过牛梭子两端的孔，然后再与车辆引绳相连。牛梭子受力面积很大，放在牛脖子上，让牛既能用尽力气，也不感到难受。

南宋夏圭绘《山居留客图》

图中房子为瓦房，建筑质量很好，屋檐前还有雨搭，我们在很多宋代绘画中可以见到这样的设置。《清明上河图》中的很多建筑屋檐前也有雨搭，看来这是当时的建筑习俗。这是大山前面的一处客店，门前是一条小溪，风水绝佳，老板娘在主房边上的茅屋内忙活。仆人赤着脚倚在旅行带的箱笼上休息。正房厅堂内方砖铺地，有人正在宴饮，桌上摆着简单的三五个盘盏、酒壶。正面坐着的人敞着怀，一副无拘无束的洒脱样子。画名为《山居留客图》，看情况正面敞着怀的应该是

图 6-09 南宋 夏圭《山居留客图》，台北故宫博物院藏

图 6–10 南宋 佚名《春游晚归图》，故宫博物院藏

主人，坐在他对面的应该是客人。厅堂正面是一架大型落地屏风，上面还有山水画，画家只是用淡墨简单扫了几笔，省略了细节。堂后还有一座茅屋，里面应该是一个院落。屋后大山巍峨挺拔，壁立万仞，山石大部分用斧劈皴画成。厅堂前面是一株伟岸的古松，占据了大半个画面。门前是一座小桥，有一童子抱琴而来。古代旅客在路途中能有这样一个吃饭休息的地方算是万幸了。

南宋佚名绘《春游晚归图》

我们现在春游、秋游的时候一般要带简易餐桌椅等物品，其实宋代人已经开始使用这种便利工具了。在宋画《春游晚归图》中，门前的木质拒马栏已经打开，远处可以看到高楼巍峙。有一位身份高贵的老者骑在马上，随行仆人共有 10 位。队伍最后面有一人挑着担子，担子前端挑的是什么呢？是一个移动的火炉，上面还有两个茶瓶，炉中炭火正旺，发着微微的红光。据扬之水女士说，这个担子就是镣炉担子。宋仁宗有一次在宫苑中步行，屡屡回头，众人不解其意，回到宫中，他急忙命嫔御进熟水（饮料）。宫中人问："皇帝为什么不在外边要水喝？"仁宗说："我屡屡回头没有发现镣子，如果在外边要水，有关人员必然要受罚，所以忍着渴回来。"众人皆呼万岁。这里的"镣子"就是镣炉担子的简称。这样的镣炉担子在一些宋墓砖雕中也有描绘。同时，还有一个人扛着一把交椅，这把交椅十分讲究，交椅靠背顶部还有一个荷叶形的承托。边上一个人扛着一个方凳。

在宋代，交椅已经普遍使用，《清明上河图》中有三把交椅。交椅来源于东汉时期由草原传来的胡床，所谓胡床就是马扎子。据说唐玄宗特别喜欢胡床，外出都要随从带着。交椅在宋代也被称为"交床"。宋徽宗出行也要人带着交椅，而且是黄罗珠绣的金交椅。想来图中这位春游的主人也一定非富即贵，否则没有这么大的场面。

图 6–11 南宋 李嵩《货郎图》，故宫博物院藏

（五）移动的百货商场

宋朝商品经济高度发达，那些深入民间的货郎们成为市井风貌中必不可少的一部分，宋人为我们留下了一些描绘货郎的绘画，这是难得的图像资料。

南宋李嵩绘《货郎图》

货郎就是移动的卖货人，他们走街串巷，是乡村日用百货供应的主要人物。他们往往手摇货郎鼓，沿街叫卖……针头线脑、儿童玩具、妇女头饰、酱醋等，都是他们的经营品种。李嵩的《货郎图》为我们展现了生动鲜活的货郎形象，让我们得以穿越七八百年去见识他们的风采。

李嵩，钱塘人，擅画人物，曾任光宗、宁宗、理宗朝画院待诏。现有多幅《货郎图》存世。从图中可以看出，这位货郎还是兼职医生，担子上挂着一只葫芦。医生悬壶济世，大多数用

葫芦做标志。《杂剧眼药酸图》中也有类似的画面，而且更夸张。货郎担子上还挂着“攻医牛马小儿”或“专医牛马小儿”的广告牌，看来这位货郎还是一位兽医。货郎腰间带有“诵仙经”牌子，大概就是念经去病，类似道教的符咒做法。还代写文书，有“雅写文约”牌子。担子上还有“三百件”的牌子……货郎的幞头上还插着风车、雉鸡翎、旗子，有些东西我们至今不知道是干什么用的。这大概反映了南宋时期的一种社会风俗。

（六）穿出来的雅致

对于女性来讲，穿衣十分重要。服装样式变化最快，每一个时代都有自己的特征。宋画中有很多描绘贵妇、宫中女人生活的场面，她们的服饰十分高贵，衣料华贵，纹饰华美，确实十分雅致，代表了宋代女性服装审美的特殊风貌。

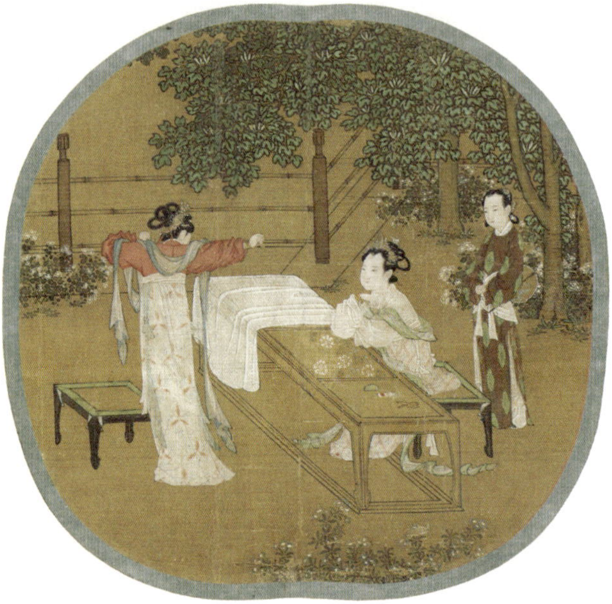

图 6–12 南宋 刘松年《宫女图》，日本东京国立博物馆藏

南宋刘松年绘《宫女图》

此图是一个团扇扇面，绢本。梧桐树下，一女子坐在凳子上，双肘支撑在案上，腕戴金镯子，上身白衣，裙子是浅白色，上有菱形纹案。该女子背后是一位侍女，手执团扇。她对面是另一名女子，这名女子上身红衣，带有披帛，双腕戴金镯子，两臂抬起做动态状，似乎在展示自己的新衣。两个女子都梳着多环髻，戴很多珍贵的头饰。两人中间有一条长案，上面摆着白色有暗花图案的绫子，案上还有剪刀等物。可以猜想，两位女子自己裁制了新衣，案前女子正在试穿，似乎在问自己的同伴："我的衣服是不是合体？"从图中的栏杆、家具可以看出，图中的场景应该在贵族家庭或者皇家宫苑。

需要注意的是，图中的长案是近小远大，完全违背焦点透视近大远小的规律，但是观者并不觉得违和。这是中国人的创造，这种情况在中国古代绘画中经常见到，被称为"反透视”。比如《韩熙载夜宴图》中的茶几、《重屏会棋图》中的长案等，都是如此。

（七）村医与傩戏

宋朝农村老百姓生了病怎么办？有固定诊所的医生，也有很多游医，他们游走四方，为村民看病。宋画中有一些描绘村医的画作，为我们留下了珍贵的图像资料。

南宋李唐绘《灸艾图》

我国有很悠久的艾灸史，通过艾灸可以治疗很多疑难杂症。《灸艾图》画面中共有 6 个人，每个人都很生动。这 6 个人物基本都是安排在画面的中部。人物衣纹多用钉头鼠尾描，折线较多，造型准确、生动。人物毛发刻画细致，十分生动，先用狼毫画出细线，然后用淡墨色通染。

通过画面我们可以看见在一座小桥边，一户人家的门外，在两棵高大的树下，一名村医正在给一个病人做艾灸。病人背上的艾棒闪着红红的光，还冒出缕缕白烟。村医坐在小凳

图 6–13 南宋 李唐《灸艾图》，台北故宫博物院藏

子上，背有点驼，正在聚精会神地给病人艾灸。村医戴的幞头上还插着三枚铜针，或者是手术刀。病人赤裸上身，痛苦万分，张大了嘴巴，疼得大叫。前边两人大概是同村的村民，或是病人的亲属，分别牵着病人的胳膊，还用脚踩着病人的小腿和大腿。前面那个人，表情沮丧，大概是很同情病人的痛苦。里面那位身体向一边倾斜，只露出半张脸，可能是不愿看到病人痛苦的样子。站在里面的妇人，应该是病人的家属，睁着一只眼，闭着一只眼，可能也是不忍心看到有点恐怖的场景，她也用一只脚踩着病人的腿。

医生背后应该是他的徒弟，他身边放着一个药箱，药箱上插着一把大大的扇子，扇面分成两部分，其中一侧上有三个圆点，上下两个是红色的，中间一个是白色的，十分显眼，这应该是村医的招牌。在大扇子招牌下面的地面上有一个环状物，应该是村医叫卖用的摇铃，也叫“串铃”“虎撑子”。虎撑子可大可小，小的仅可绕指，大的可以穿过手臂。其外侧开有一条缝，以便声音传出来，有些串铃表面还刻有八卦图案。串铃一般用铜制成，中空，里面有铁珠等物。这是江湖郎中走街串巷使用的标志物，他们边走边摇，串铃就会发出清脆的声音，以此来招揽生意，所以江湖郎中也被称为“铃医”。

徒弟肩上斜挎一个环状物，上面挂着三个布条，尾部呈鱼尾状，也都是幌子，其中一个较宽，上面是一贴大大的膏药。最上面一个绘有三个圆点，上下两个是黑色的，中间一个是红色的，功能应该与大扇子相同。其正面可能也是膏药状的图案，只不过画家把背面呈现给我们。徒弟正在打开一贴大膏药，药箱边上放在地上的幌子上也有一贴大的膏药的标志物。看情况，师徒二人行医的过程中应该是一人手持一个幌子。加上徒弟身上挎的三个小幌子，师徒二人的行业特征十分明显，在大街里很容易被人辨认出来。这样的场景不由得让我们想起宋代杂剧表演《眼药酸》中满身挂有眼睛的场景。

宋佚名绘《大傩图》轴

傩戏起源于原始巫术，历史悠久。人类社会早期，人们认为灾难、瘟疫是一种魔鬼所为，可以用一种可怕的面目吓退它们。傩是驱疫的一种戴面具跳的舞蹈，远古时期就已经有了。我国早在周代就有了驱疫活动的记录，《周礼·夏官》记载："方相氏，掌蒙熊皮，黄金四目，玄衣朱裳，执戈扬盾，帅百隶而时难（傩），以索室驱疫。"方相氏长着四个眼睛，披着熊皮，上衣黑色，下裳红色，一手持戈，一手持盾，是古代驱邪的神，在宫廷里方相氏领头驱邪的仪式被称为"大傩"。

宋代的傩戏是什么样的？宋朝傩戏分为大傩和小傩，宫中盛行大傩。据孟元老《东京梦华录》记载，每逢除夕，宫中都要举办大傩戏表演：禁卫军戴假面具，穿绣着花纹的衣服，扛着金枪龙旗；教坊使穿戴全副金铜铠甲，扮作将军；镇殿将军二人扮作门神；在教坊内选择比较肥胖的人扮作判官，其他人扮作钟馗、小妹、土地、灶神之类，共千余人，浩浩荡荡，从皇宫开始驱除邪祟，出宫城南大门南薰门到达转龙弯，举行埋祟仪式后结束。

画家给我们留下了生动的画面形象。

图 6–14 宋 佚名《大傩图》轴，故宫博物院藏

《大傩图》轴为绢本，工笔重彩，纵 67.4 厘米，横 59.2 厘米，共绘有 12 人，他们的服装和头饰都很怪异，手里还拿着各种器物，比如响板、铃、鼓、扫帚、芭蕉扇、炊帚等，头上戴着幞头、花冠、纸扎的帽子、斗笠、簸箕、斗、箩等，有的幞头上还插着孔雀翎毛、松枝、雉鸡翎等。画面最前方一个人头戴牛角兽头兜帽，身上披着一个大贝壳。他们载歌载舞，表情夸张。看得出来，他们都经过化装，应该戴有面具，整个画面

类似一个化装舞会。在图中没有见到金枪龙旗、将军、钟馗等，表演者拿着或戴着各种农具，推测其可能是民间的傩戏表演，而不是皇家举办的大傩戏表演，农人们就地取材，把各种农具作为表演道具。当然，这里面可能还有各种风俗习惯方面的说法，但是表演者的衣服上确实有各种纹饰，颜色非常丰富，和《东京梦华录》的记载可以相互印证。台北故宫博物院藏苏汉臣的《午瑞图》和这幅图场面差不多，但人物的面具画得更清楚。《大傩图》中的人物衣纹大多用折芦描，有很多硬折，刚劲有力。人物都是五头身且头部偏大，可正常人物应该是七头身才对，这是有意的夸张，也可能是戴面具的缘故。从现存的傩戏来看，人物大多戴有面具。这幅画为我们保留了宋代傩戏的真实场面，是研究傩戏和民间风俗的珍贵史料。

（八）街市里的风情

宋代也有一些描绘街市风景的图画，《清明上河图》是一个典型代表。这些社会风俗画相当于时代照相机，以图像的方式记录历史，生动鲜活，文献价值极高，可以补文字类史料之不足。

北宋张择端绘《清明上河图》

《清明上河图》是北宋社会全景式的展示，图中描绘的是北宋时期开封汴河周围以及城内的部分景象。作品气势恢宏，长 528 厘米、宽 24.8 厘米，画有 800 多个不同身份的人物，个个形神兼备。此外还绘有房屋 100 多栋，各种牲畜共 50 多匹，不同车轿 20 余辆，大小船只 20 余艘，13 种动物、9 种植物……无不惟妙惟肖。举凡酒店、店铺、茶馆、当铺、作坊、肉铺、说书场、码头、街市、诊所、旅店等市井风貌应有尽有，可以说是东京汴梁的全景图，具有十分重要的艺术价值、史料价值。在没有相机的时代，能有这样一幅图十分可贵，它堪称一部纪录片。

这幅图信息量巨大，需要我们多维度解读，才能更加全面了解它所承载的信息。现在解读《清明上河图》的书籍已经很多了，本书在这里不准备重复他人的观点，而是从还没有人专门解读的维度去解读它。

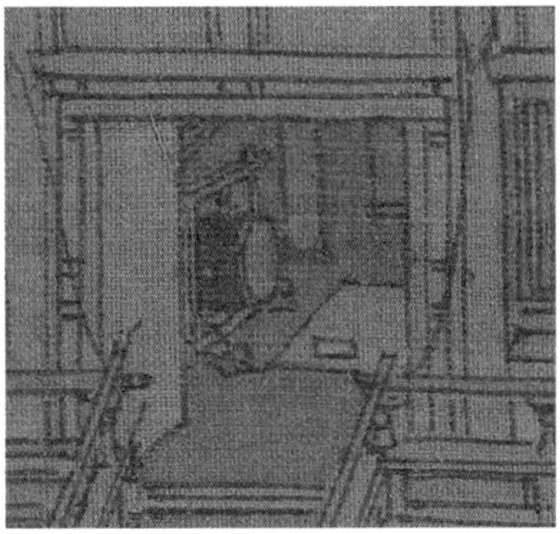

图 6–15《清明上河图》(局部),城门楼上的大鼓

大家想一想,一个现实的城市没有声音,简直是不可想象的,那是死寂的城市,是不存在的城市。可是很多人在读这张画的时候,却往往忽视了声音的维度。我们在看《清明上河图》时需要有声音的联想。

在图中,有朋友之间低声的问候与寒暄,也有大声的呼叫,还有各种叫卖声、牲口叫声、城市的钟鼓声,可以说此起彼伏,相互交织,构成一曲东京汴梁街市的大合唱。

钟鼓声。图中最高建筑——城门楼内清清楚楚画着一面大鼓,这面大鼓是城市报时用的。城门一般比较高大,钟鼓声传得更远一些。城市的运行没有时间表就会乱成一团,一个高度发达的京城,没有时间表简直不可想象。时间表决定着城市的节奏、城门的启闭、公务人员上下班、普通人的定时作息,等等。报时的钟鼓声成为整个城市的神经系统,左右着人们的作息,决定着城市运行的节奏。

歌叫声。叫卖声是旧时人们生活的标配,凡有贩卖,必有叫卖声。它也一直留在人们的记忆里,让人回想,是一种自发经济的诗意画面。叫卖声也被称为"吆喝声",是一种动态的、有声音的广告,历史悠久。

图 6–16《清明上河图》（局部），提壶卖茶人和盘卖之人

在图中有很多的摊贩，无论是移动的还是固定的，他们都要不断发出叫卖声，以便吸引顾客。回荡在街巷中的叫卖声此起彼伏，构成城市的交响曲。根据宋代笔记记载，东京汴梁有大量的移动摊贩，他们为吸引人发明了很多叫卖声，种类十分丰富，而且还有艺术性。当时人们称之为"吟叫、歌叫"。《梦粱录》记载："沿门唱卖声，满街不绝。"《都城纪胜》"食店"条载："夜间顶盘挑架者……遍路歌叫，都人故自为常，若远方僻土之人乍见之，则以为稀遇。"图中还有好几位顶盘卖东西的人，宋代称他们为"盘卖之人"，他们一般都是边走边叫。

宋人高承《事物纪原》："京师凡卖一物，必有声韵，其吟哦俱不同。"想来京师卖物千万种，各种叫卖声此起彼伏，回荡在城市的街巷间。有些叫声很有艺术性，如唱歌一般，有自己独到的韵律。这是一种慢节奏的旋律，是一个城市的大合唱。

流动小贩不仅不断叫卖，有的还有专门的响器，比如拨浪鼓、串铃（江湖郎中使用）、锣、梆子、连铁（铁拍板，也叫"惊闺"）、响板等。

图 6-17《清明上河图》（局部），大叫的驴子

图 6-18《清明上河图》（局部），汴河上的纤夫

赶牲口的吆喝声、牲口的叫声。在没有内燃机的时代，城乡的生产生活中大量使用牲口，如牛、马、驴、骡子等等，这些牲口充斥着城市的各个角落，它们不仅会干活，还会叫唤。

我们在图中还可以见到运送木炭的驴队，还有好几辆驴车、牛车等，赶牛车、驴车、骡车的人要不断地给牛、驴、骡子发出指令，他们赶牲口的吆喝声、驴马牛的叫声、人们的呼叫声，加入到了城市奏鸣曲中。

孙羊正店边上十字路口有一辆快速行进的四头驴拉的车，有可能因为是轻车，最左边的一头驴子正兴奋地大叫。驴子的叫声通常高亢、嘹亮、穿透力强。

号子。图中的汴河中船只很多，大多停靠在码头，其中有两只大船正在逆流行进，前面有两个拉纤的队伍，都是五个纤夫。纤夫拉纤是要喊号子的，这些号子有独特的韵律，以便协调纤夫们的脚步。纤夫号子声传得很远，周围三四里范围内都能听到。河南船工有句谚语：“船工不行哑巴船。”[1]运河中船只的任何活动都有相应的号子。运河里的号子，除了纤夫号子，还包括起锚号、闯滩号、跑篷号、立桅号、出仓号、摇橹号等等。千里大运河，号子声昼夜不息，也是一种美。

[1] 山曼：《流动的传统：一条大河的文化印迹》，浙江人民出版社，1999年8月出版，第95页。

图 6–19《清明上河图》（局部），人声鼎沸的虹桥段

声音的最高潮：虹桥。虹桥是画面的正中心，这是张择端刻意设计的。冲突和高潮安排在这里也是应该的。虹桥下一条大船将要失去控制，在河中间打横，船上人很紧张，大喊大叫。两岸的人也大喊大叫，桥上的人也在大声支招，有人甚至跨到栏杆以外指挥抢险。大船尾部马上要撞上一条停泊的船只，吓得一名乘客大声喊叫。

桥上还有武官与文官争道，喝道人员在争吵。桥头一个小贩的叫卖声吸引了挑担的，骑驴的也被吆喝声吸引，扭过头去。

虹桥是全图人口密度最大的地方，比孙羊正店十字街密度都高，上面行人几乎是摩肩接踵，是真真正正的交通要道。当然也是此图声音的最高潮的部分。

汴河边的送别声。图中有很多柳树，“隋堤烟柳”是汴京八景之一。折柳送别的习惯流传已久，人们期望远去的朋友能够像柳树一样生命力旺盛。北宋时期东京人送别大多是在汴河边，尤其是去往南方的人大都走汴河。周邦彦在《兰陵王》中说自己为朋友到汴河边送别折过的柳条早就超过千尺长了。人们在河边酒店里为朋友举行送别宴，宴席上还伴有

图 6–20《清明上河图》（局部），十千脚店二楼雅间送别宴

送别的音乐声，大家不免吟诗、填词，这些都是声音。临别，还要把朋友送上船，不断地道别。

一般的人可能仅仅是在小饭店里为朋友喝上几杯送别酒，有身份的人可能得到孙羊正店、十千脚店这样的大酒店里举办临别宴席。《清明上河图》中沿河两条大街上有数不清的酒店、茶馆，都是理想的送别场所。十千脚店二楼雅间的两场宴席，其中一场就是送别宴，桌子上杯盘满满，还有酒壶等。一个客人把胳膊搭在临窗的栏杆上，一幅闷闷不乐的样子，应该是由于给朋友送别时的苦闷之情。坐他对面的客人把行囊放在栏杆上，这是典型的旅人的标志啊。

总之，没有声音的参与，就无法深刻领会《清明上河图》的妙处。带有声音的想象，让我们对这幅图的理解更加鲜活，也更符合社会真实，当然也更加全面。增加声音这一维度，才能使这幅图真的活起来。

《清明上河图》普及性高，中小学教材里都会有这幅画，是一个大众题材。在一定程度上可以说，这幅画是进入中国画的入口，很多人正是通过这张画，开始欣赏、研究中国画。这幅画也是中国艺术的代表，很多外国人通过这张画了解中国文化。《清明上河图》提高了宋代的美誉度，给宋代带来了大量的流量。

（九）婴戏图：多子多福的祈愿

中国过去认为多子多福，因为在非机械化时代，人口就代表着生产力。历代政府都鼓励生育，在反映时代繁荣的叙事中往往也把人口之多作为颂扬点。加之儿童天真，童趣盎然，往往受人喜欢。到了宋代，婴戏图成为一个独立的门类。宋代婴戏图取材多样，有模仿傩戏、皮影戏的，有放风筝的，有逗猫玩的，等等。同时，宋代婴戏图蕴含了大量的民俗内容。宋代磁州窑瓷器上面，砖雕上面，也有大量的婴戏图。杭州六和塔上面有两幅宋代精彩的婴戏图砖雕。苏汉臣、刘宗道等为婴戏图名家，有《秋庭婴戏图》《侲童傀儡图》等代表性作品。

北宋苏汉臣绘《侲童傀儡图》

苏汉臣（1094—1172），开封人，宫廷画家，是著名的婴

图 6–21 北宋 苏汉臣《侲童傀儡图》，日本东京国立博物馆藏

戏图画家。宋代流行木偶戏，苏汉臣《侲童傀儡图》生动地描绘了宋代儿童模仿傀儡戏的场景。画幅不大，大概 23 厘米见方。

画面上一个儿童在倾斜的幕框后面认真表演，前面一坐一立两个儿童正在观看。坐在地上的儿童手拿鼓槌，两腿间还放置一只小鼓。站立的儿童双膝微屈，神情专注。木框底部写着“今日头场”四个大字，让人想起当代大火的今日头条。这是模仿杖头傀儡的表演，儿童手持两个木偶，一个木偶手持大刀，另一个木偶手持长枪，正在打斗。武打戏历来是儿童

图 6–22 北宋 苏汉臣（传）《傀儡婴戏图》，台北故宫博物院藏

的最爱，六七十年代出生的人小时候都比较爱看战斗题材的影片，比如《地道战》《地雷战》《战上海》等。画面中左后侧是太湖石和一丛木质花卉。太湖石画法和宋徽宗《祥龙石图》非常相似，都是在石头上通过一些深浅不同的不规则墨点表现石头表面的凹陷。这里的环境显然不是一般平民家庭，而应该是贵族家庭或者皇家宫苑。儿童服装用的也是高级面料，不是一般布料，应该是丝绸或纱。

台北故宫博物院还藏有一幅传为苏汉臣所作的《傀儡婴戏图》，描绘的是悬丝傀儡戏。一个儿童在一个以躺倒的凳子为支撑、用竹竿搭起的舞台后表演。上面设三面帷布，正好挡住表演者的面容和动作。看样子表演的应该是钟馗戏。后面架子上还挂着其他的傀儡，舞台前三个儿童看得正入迷。表演儿童背后还是太湖石和树木花卉。

图中的凳子制作考究，红漆描金，面板似乎是云纹大理石板。地面还放着铜钹和笛子，位于画面最前面的儿童手拿响板，似乎在伴奏。位于画面最里面的儿童将一只方凳反过来作为支架，上面放一面小鼓，正在伴奏。表演儿童的肚兜上、画面最近处儿童衣服的背部都有描金团花图案。这里显然也是一个贵族家庭的环境。

（十）茶饮锦标赛

宋代茶文化非常发达，饮茶之风盛行，一些贵族、文人还举行饮茶比赛，通过斗茶决定胜负。宋画中也有不少饮茶的情景。

图 6–23 宋 佚名《斗浆图》，黑龙江省博物馆藏

宋代佚名绘《斗浆图》

宋朝斗茶之风盛行，斗茶对各种茶器都非常讲究。《斗浆图》中每一位斗茶客都带有一把长流执壶，造型飘逸，这是宋代的典型器物。同时，每人携带一只便携式茶炉，方便随时烧水点茶。图中还出现了很多专业茶具，比如茶笼子、茶筅、便携式茶台等。人物都戴着幞头，服装刻画细致，有的在品茶，有的在调整炉子里的炭火，有的在向茶盏里注水，有的在听别人的品评。右下角那位茶客，肚子鼓鼓的，想来一定是贪杯喝了过多的茶。人物神态活灵活现，十分逼真。画家在茶盏、盏托、茶瓶、服装衣纹边沿都用白粉勾画，突出了立体感，很有意思。按照宋朝斗茶的习惯，最好的茶盏应该是建盏，釉色较深，茶盏壁比较厚。釉色深是为了衬托茶沫的颜色，盏壁较厚是为了保温，同时也是为了不烫手。但是图中的茶盏却是白色的，不知为何。

按照斗茶规则，首先需要将茶饼碾碎，将经过箩茶的茶末放到茶盏中，用沸水冲调，最后比试谁的茶沫更好看、留存时间长，以此决定胜负。这简直就是茶饮锦标赛。这幅图是宋代斗茶习俗的珍贵记录，对研究宋代茶文化有着重要价值。

看到这幅图，不免让人羡慕宋人的雅致与闲情。我们现在天天拼命地追逐新潮，整天疲于奔命，相比宋人，少了淡定与从容，少了闲情与雅致。

七、禅意画：洞明与洒脱

唐代以来，中国画与禅宗发生了千丝万缕的联系，禅宗对中国画的影响是巨大的，还诞生了专门的禅意画。禅画的概念外延较广，我们这里谈的“禅意画”，既包括禅僧绘制的禅宗题材绘画，也包括其他画家尤其是文人画家画的有禅宗味道的绘画。

（一）不立文字

文字对人类文明的记录和传播影响巨大，但是，文字也有其局限性，有时候文字可能会限制人们的思想，就禅宗而言，就是文字影响开悟，所以禅宗主张“不立文字”。慧可和尚问：“此法有何文字教典习学？”达摩说：“我法以心传心，不立文字。”[1]

[1] 释宗密：《圆觉经略疏之钞》卷八。

禅宗不立文字，并不是反对文字，而是要不拘泥于文字。禅宗是一种大智慧，主张独立思考，追求自我精神解脱，它讲究“一念悟时，众生皆佛”，人人都有佛性，见性成佛，不必求之于外，禅宗的这些思想很契合士大夫们的文化心理，所以他们喜欢禅宗，爱与禅师打交道，尤其是宋人，如苏轼，他和禅师的交往有很多的故事流传，也成为文人佳话。所以这一时期，表现禅宗主题的绘画就多了起来……

南宋梁楷绘《六祖撕经图》

这幅图的主角是南派禅宗的著名人物——六祖慧能。他不识字，是个文盲，在寺院里就是挑水、劈柴的低级僧人。禅宗五祖弘忍要传衣钵，让每一个僧人写一个偈子，慧能口授了一首偈子：“菩提本无树，明镜亦非台。本来无一物，何处惹尘埃！”这是禅宗的经典故事，很能表现见性成佛的禅意。梁楷的画大致也是表现慧能这种佛性。

画面中一老者没有剃度，头上有发髻，正在撕纸，张着嘴巴，一副玩世不恭的样子，地面上有一些带有文字的碎纸片。右上角垂下一枝松枝，十分简单，还有一点藤萝，这就算是背

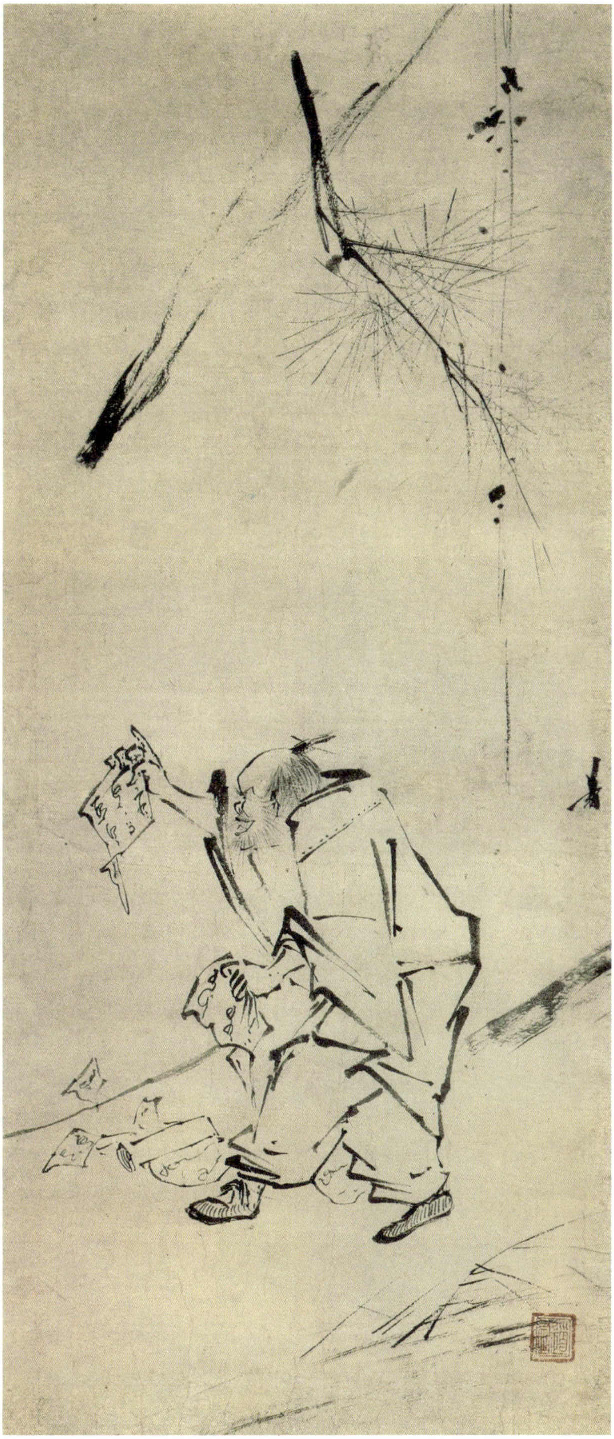

图 7-01 南宋 梁楷《六祖撕经图》，日本三井纪念美术馆藏

景了。此画人物采用钉头鼠尾描，硬折线较多，人物面部轮廓用浓墨勾出，胡须、头发用淡墨画成，把一个撕经的老者形象活脱脱地表现出来，笔简意繁。松针、藤、树枝干净利落。画家用笔比较恣肆、豪放，运笔很快，部分笔触带有飞白，可以想见其作画时的激情。

整个画面非常简单，但是主题鲜明，就是表现读经无用。禅宗认为，人人心中都有佛法，不必外求，不必读经。

（二）非逻辑的顿悟

顿悟是一种思维方法。禅宗主张从行走坐卧等日常行为中获得启发，实现开悟。“当头棒喝”的成语就是由禅宗公案而来。河北正定临济寺是义玄禅师的住持之地，他主张顿悟，是临济宗的创始人。他教弟子的顿悟方法就是棒打加上大声呵斥，让人瞬间忘却定见，摆脱思维惯性的干扰，实现开悟。顿悟是不合逻辑的思维方法，甚至是反逻辑的。

图 7–02 南宋 梁楷《六祖斫竹图》，东京国立博物馆藏

南宋梁楷绘《六祖斫竹图》

禅宗认为，欲念、表象等都是顿悟的障碍，需要去除一切杂念，直指本心，才能实现顿悟。《六祖斫竹图》是一个形象的比喻，六祖正在用砍刀削去竹竿上的枝枝叉叉，寓意十分明了。此图体现了梁楷的一贯画风，人物十分简单。六祖似乎是在一棵大树下，大树只有树干，上面缠着一条藤，六祖身体下蹲，专注削竹。竹竿顶端还有一个小枝杈没有消除。背景的大树用淡墨勾线皴擦，用浓墨勾出一条藤，二者对比分明。六祖慧能是樵夫出身，这幅画也是对这一事实的反映。从人物线条来看，梁楷绘画速度很快，用笔果断，但是很具神采。

梁楷的两幅图都给人耳目一新的感觉，没有细节的描绘，但是意义却十分鲜明，对于破除执念有重要的启示作用。所以，看画也有利于开悟。

（三）大道至简

禅宗主张去掉浮华，直求根本，即所谓的直指人心、见性成佛，摆脱了对教条的依赖，开放，通脱，灵活，不偏执。这些观念体现在绘画中就是简率、随意，大道至简。禅意画的重要特征是静，画面是安静的，不追求喧闹。他们不主张使用五彩缤纷的颜色，认为过多的颜色是对禅悟的干扰。体现在绘画技法上就是减笔法，即用最简练的笔法表达最丰富的内容，石恪、梁楷等人的画就是代表。

五代石恪绘《二祖调心图》

石恪，五代后蜀至宋初画家，字子专，成都人。他很博学，性情豪放，玩世不恭。口才很好，诙谐幽默，还曾用古代人物讽刺当代权贵。入宋以后，曾经奉旨为大相国寺绘制壁画。他拒绝进入皇家画院，坚持要回到蜀地，后来皇帝准许。他擅画神佛人物，笔致豪放，不拘成法，其《二祖调心图》可窥一斑。

俗话说：识人识面难识心。我们可以套用一下：画人画面难画心。和内心活动相比，那些衣纹都不重要了。这是化繁为简，即所谓禅宗“直指人心”。从《二祖调心图》可以看见二祖慧可已经进入禅定状态，合着眼，低着头，用一只手背托着下巴，作沉思状。慧可只有面部是细致的，其他全是粗笔，尤其是衣服，只是用焦墨粗粗地勾画。苏东坡很欣赏石恪的

图 7–03 五代 石恪《二祖调心图》之一，日本东京国立博物馆藏

图 7–04 五代 石恪《二祖调心图》之二，日本东京国立博物馆藏

画作，专门写过《石恪画维摩赞》。据说东坡的《枯木怪石图》就是受石恪影响而创作的。

另一幅《二祖调心图》由画面看不像是二祖慧可，有人分析是唐代天台国清寺的丰干禅师，丰干禅师在天台山修行，经常骑着老虎出行。人物面部刻画相对细致，其他部分都很粗放。老虎就像一只大猫一样乖顺，合着眼睛，任凭禅师压在自己身上。此图是典型的减笔画。老虎先用干笔淡墨皴擦，然后用浓墨勾出虎皮斑纹，笔致粗放。僧人身体四肢都用干笔焦墨勾出，留有部分飞白，可见用笔比较迅捷，然后用淡墨渲染。画家刻画的重点在于僧人的面部，长长的眉毛下眼睛闭合着，下巴搭在右臂上，似乎是在沉思，和主题“调心”相对应。禅宗非常重视内心的修炼，调心就是一种修行悟道的方式。众所周知，人的内心活动是一种抽象的东西，不可见的东西，所以是最难刻画的。但是，石恪这幅画却让我们心头为之一动。这幅画确是刻画内心活动的少见之作。

这两幅画的画风和梁楷风格非常接近，应该属于一个路数。

南宋佚名绘《达摩面壁图》

这幅图是典型的一角式构图，90% 的图像位于右下角。达摩坐在悬崖下的石台上，身披带帽斗篷，把身体包得很严，只有面部露出来，整个身体只用简单的线条勾出一个轮廓。禅师因为寒冷裹紧了外袍，外袍线条较粗，轮廓线内部没有细节，只有外袍落在石头上形成的几个简单的皱褶，内部填白色，强化寒冷的氛围。达摩面部笔触较为细致，表情严肃，尤其是眼神的刻画较为传神，给人目光如炬的感觉；同时透露出果敢与刚毅，让人顿生敬畏之心。悬崖上的树枝被大雪覆盖，画面一股寒气扑面而来。此画突出表现了达摩面壁九年的艰苦。山崖都用淡墨简单勾画而成，只有一些树干树叶用了一点浓墨。远处还可以看出山峰来。边上有一位体量小一点的僧人陪伴，应该是慧可。

图 7-05 南宋 佚名《达摩面壁图》，美国克利夫兰美术馆藏

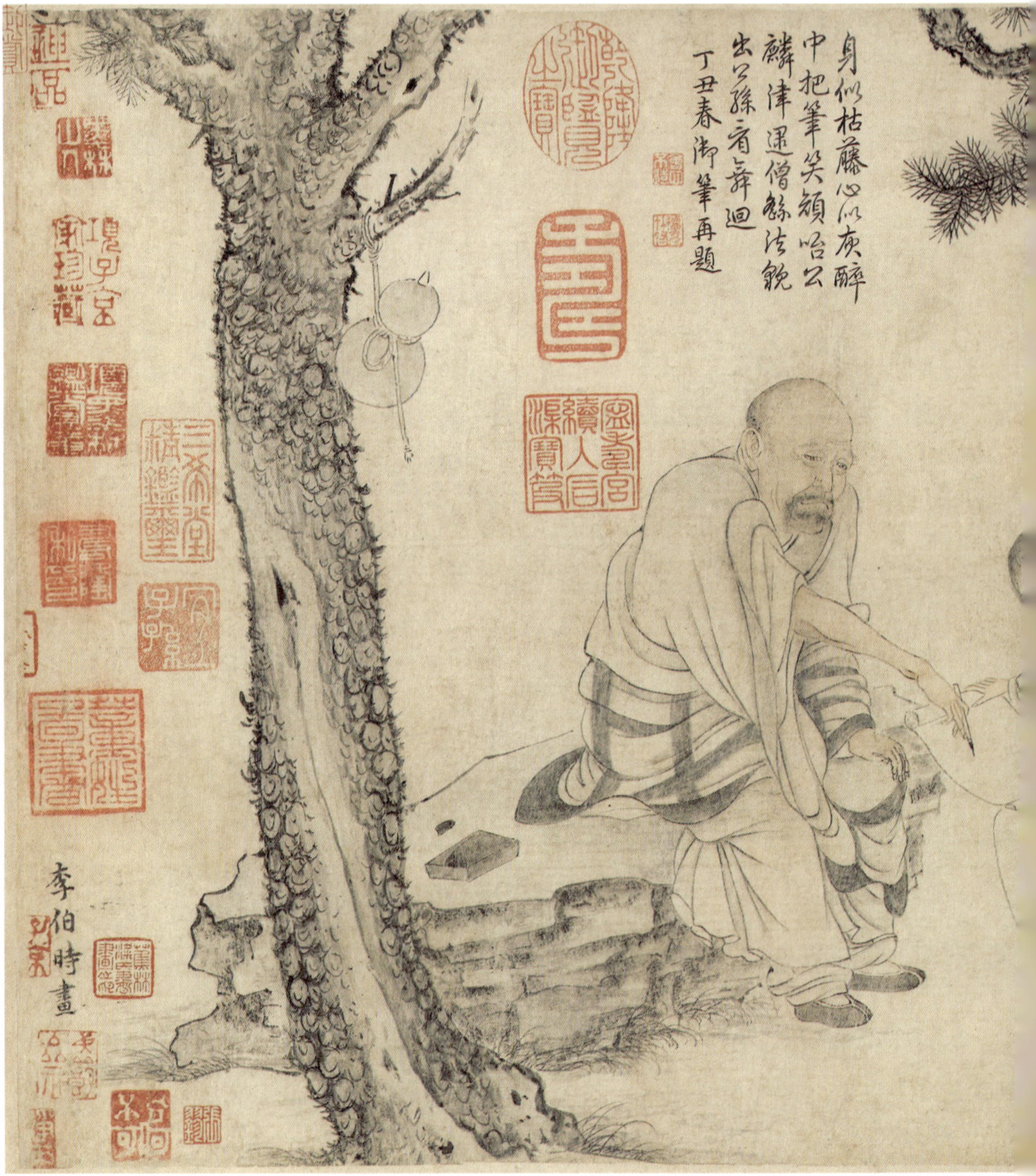

图 7-06 北宋 李公麟《醉僧图》，美国弗利尔美术馆藏

北宋李公麟绘《醉僧图》

在一株古松下，一童子展开长卷，僧人坐在石头上，正在信笔写字。松树上还挂着一个大的亚腰葫芦，里面装的应该

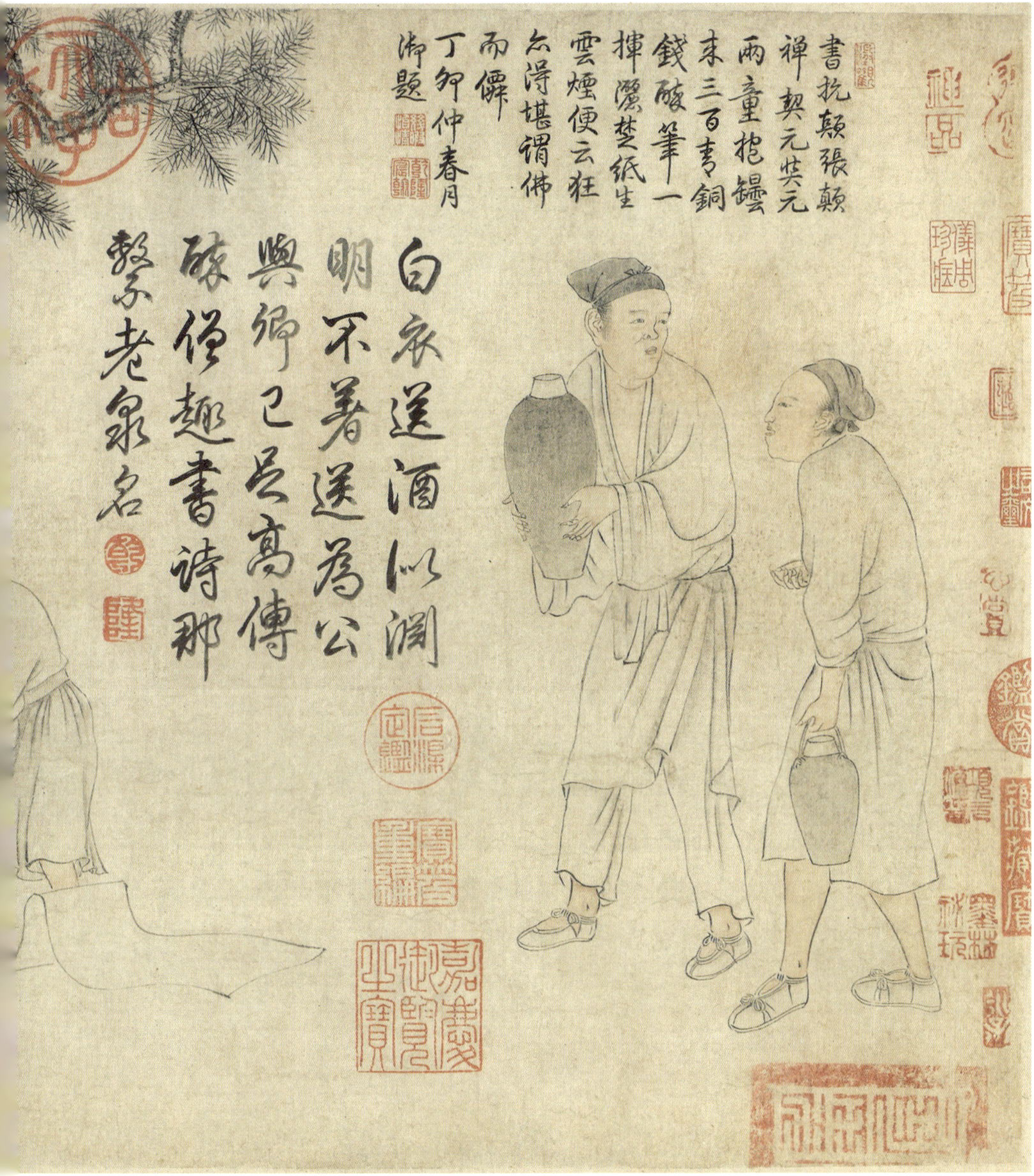

是酒。右边有两个仆人分别抱着、拎着两坛酒正在走来。南宋刘松年也画过《醉僧图》，是一幅立轴，图中僧人坐在一株老松树下的石台上，正在童子展开的卷轴上写字，另一童子在

一旁拿着砚台伺候着，树干上也挂着葫芦，象征酒。这不由地让我们想起济公。

据说南北朝梁国画家张僧繇画过一幅《醉僧图》，画得非常精彩，惟妙惟肖。阎立本受到了启发也绘制了《醉道士图》。遗憾的是，张僧繇、阎立本的画早已失传。不过，元代钱选画有《扶醉图》，描绘的是陶渊明饮酒的故事。陶渊明被道家奉为神仙，当然可以代表道教了。画面中渊明已经醉了，倚在湘妃竹做成的榻边上，眼睛有些迷离，似乎马上要躺下。两位客人起身告辞。旁边有几个空酒坛子，看来三人喝了很多酒。

（四）一花一叶皆有禅机

禅宗讲究机警、机智，讲究突破陈规与模式，讲究脑洞大开，讲究意外之境。他们认为万物皆有佛性，善于借物喻人，比如残荷、枯枝、石头等。这些外物都可能激发人的佛性，使人顿悟。禅师画禅意画的目的主要是开悟弟子或他人，希望看画人看画后顿悟。禅意画往往是一花一世界、一叶一菩提，以小品画居多，大山大水的巨幅作品很少。禅意画不求工整细致，对技法的要求并不高，善于留白，给人想象的空间。著名美学家宗白华先生对中国画留白作过精彩论述，他说："中国画最重空白处。空白处并非真空，乃灵气往来、生命流动之处。"[1]把这句话用到描绘禅意画中，同样非常恰当。

[1]宗白华：《艺境》，北京大学出版社，1987 年 6 月出版，第 33 页。

南宋法常绘《六柿图》

法常，号牧溪，宋末元初画家，四川人，曾在西湖边上的六通寺做住持，因斥责权臣贾似道遭到通缉，隐姓埋名 20 余年。他是在绘画中表达哲学思想的典型代表，他的画禅意十足。牧溪的画在日本非常受欢迎，多收藏在日本。

图中画了六只柿子，都是墨色，前排一只，后面五只，每只柿子的墨色都不一致，有的很浓，有的仅仅是一个轮廓。柿蒂用浓墨画成。历代对这六只柿子的解读众说纷纭，难以一致，但是大多脱不出用柿子喻人喻物的窠臼。他的这种画法确实新奇，前无古人，后无来者。简单、安静、无色，不就是禅机吗？不就是大道至简吗？

法常绘画题材很多，诸如龙虎、猿鹤、蔬果、竹石、禽鸟、

图 7–07 南宋 法常《六柿图》，日本京都大德寺龙光院藏

图 7-08 南宋 法常《写生图》，台北故宫博物院藏

花木、人物、山水都有涉及。禅宗认为万事万物皆有禅机，“每以世间实相，解脱苦海波澜；故草木花鸟，雨竹风声，山云海月，以及人事百般实相，均足为参禅者对照之净镜，成了悟之机缘”[1]。这句话的意思是说，现实中的万事万物都可以成为顿悟的机缘。

[1] 潘天寿：《中国绘事史》，上海书画出版社，2016年8月出版，第116页。

南宋法常绘《写生图》

此画长1017.1厘米，高44.5厘米，是一幅长卷。画面绘制了柿子、枇杷、石榴、小葱、菱角、莲藕、竹笋、白菜、萝卜、山茶花、芙蓉花、荷花、牡丹、甜瓜、八哥、麻雀、斑鸠、野鸡、竹子等，高度写实，造型准确。可见法常的造型功夫是十分扎实的。其中柿子、白菜、萝卜缨、荷叶、菱角、石榴、八哥等均用没骨法画成，用笔果断，墨韵生动。这里的11只柿子和《六柿图》中的柿子基本一致，不过《六柿图》的墨色更丰富一些，此图中的11只柿子墨色相对单调一些。这些常见的事物在法常那里都隐藏着禅机。

宋代禅意画反映了中国禅宗一派的审美追求，这些画不仅仅是画，还是禅僧参禅悟道的指引，蕴含了丰富的中国传统智慧。禅意画善于借物喻人、借物喻理，讲究启迪智慧，笔简意丰，耐人寻味。当然，禅意画对文人士大夫阶层来讲也有重要意义。由于禅宗的洞明与洒脱，暗合了文人士大夫的部分价值追求，所以备受他们的喜爱。禅意画由此成为一个特殊的品类，成为身处纷乱世界中的文人安心自持的有效媒介。